FEMINISMOS FAVELADOS

Sigo por teimosia herdada e afirmo meu lugar.

A sociedade como um todo é que precisa assumir e reconhecer que nós existimos e que hoje, assim como muitas que vieram antes de mim, as faveladas têm a possibilidade de ocupar lugares nas universidades, nos cursos de pós-graduação, nos cânones literários, nos espaços parlamentares e, ainda que tentem nos silenciar, até mesmo com a morte física, sempre estaremos presentes. Não seremos interrompidas!

ANDREZA JORGE
FEMINISMOS FAVELADOS

uma experiência no Complexo da Maré

© Andreza Jorge, 2023
© Bazar do Tempo, 2023

Todos os direitos reservados e protegidos pela
Lei n. 9610 de 12.2.1998. É proibida a reprodução total
ou parcial sem a expressa anuência da editora.

Este livro foi revisado segundo o Acordo Ortográfico da
Língua Portuguesa de 1990, em vigor no Brasil desde 2009.

EDIÇÃO Ana Cecilia Impellizieri Martins
COORDENAÇÃO EDITORIAL Meira Santana
ESTAGIÁRIA EDITORIAL Olivia Lober
COPIDESQUE Camilla Savoia
REVISÃO Ingrid Romão
PROJETO GRÁFICO Thiago Lacaz
FOTO DA CAPA Gabriela Lino

BAZAR DO TEMPO
Produções e Empreendimentos Culturais Ltda.
rua General Dionísio, 53, Humaitá
22271-050 Rio de Janeiro RJ
contato@bazardotempo.com.br
bazardotempo.com.br

PREFÁCIO
Maré, território de entrecruzamentos e pensamento 9
Eliana Sousa Silva

Introdução 15

1. Nossos passos vêm de longe e o território é nosso
corpo, nosso espírito – Sou/Somos vento 29
Atravessamentos – construção e desconstrução de uma
mulher afro-indígena, favelada e artista 35
Atravessamento – ser afro-indígena 38
Atravessamento – ser favelada 57
Atravessamento – ser artista 70

2. Personifico afrontamentos – Sou/Somos búfala! 81
Fissurar entre nós é um jeito de olhar além –
as águas que infiltram os muros, os caminhos percorridos 89
Mulheres diversas, lutas diversas, perspectivas diversas –
feminismo plural 96

3. Feminismo favelado – Sou/Somos borboleta 133
Ancestral, circular e adiante – vamos dar
um mergulho interior 168
Corpo, encantamentos e memórias 180
Escrevivência corporal – a linguagem
do corpo-território 192
"Oialogia: o mundo é nosso mercado, o céu é nosso lar" –
o projeto Mulheres ao Vento e os corpos-escreviventes
de feministas faveladas 210

Considerações finais 221

AGRADECIMENTOS 231
REFERÊNCIAS BIBLIOGRÁFICAS 235
SOBRE A AUTORA 245

PREFÁCIO
MARÉ, TERRITÓRIO DE ENTRECRUZAMENTOS E PENSAMENTO

Eliana Sousa Silva

O livro *Feminismos favelados* de Andreza Jorge é indispensável por vários motivos. A primeira razão incontestável é que estamos diante de uma produção de conhecimento que chama atenção para a necessidade de alargamento do campo de análises e perspectivas em torno do conceito histórico de feminismo. A obra nos aguça a olhar para a incompletude desse conceito, considerando que ele não abarca a complexidade de vivências e lutas de mulheres vindas de diferentes paragens.

Nessa pegada, é preciso reconhecer a ebulição política, em curso já há algum tempo, de mulheres distintas no Brasil e em outras partes do mundo, ao afirmarem seus lugares de luta e visibilidade na sociedade, a partir da multiplicidade de referências e estratégias que questionam os limites dos movimentos feministas que remontam ao início do século xx. Não por acaso, a autora se debruça sobre diferentes movimentos feministas de referências decoloniais, sem deixar de apontar os hiatos que podem existir nessas experiências quando olhamos para as especificidades de mulheres que têm suas raízes nas favelas, por exemplo, e que também não se reconhecem, por vezes, em alguns desses importantes caminhos de lutas.

O trabalho de Andreza Jorge emerge da sua vivência enquanto mulher nascida e criada em Nova Holanda, uma das dezesseis favelas que compõem a região conhecida como Maré, no Rio Janeiro. Além disso, busca os entrelaçamentos possíveis com outras mulheres que, a partir desse(s) território(s), produziram e produzem vidas e significados para suas ações e (re)existências todos os dias. Ao cunhar o conceito de *feminismos favelados*, a autora acentua a indissociabilidade entre gênero, raça, classe e território, apontando os possíveis nexos interseccionais que operam nas estruturas que violam e oprimem mulheres de favelas, sem deixar de considerar aquilo que configura possibilidades, agenciamentos, potências, formas e modos de fazer e sentir.

Na costura do livro, fica evidenciada a tentativa da autora de entrelaçar suas proposições no campo intelectual à construção de uma dimensão prática, vinculando o conceito de feminismos favelados a seu engajamento direto com as questões de cunho sociopolítico. Sua produção é, sem dúvida, firmada na escolha, no sentido visceral do termo, de se colocar como uma intelectual *insider* da favela. Algo que, de certa forma, também experienciei e declarei na minha tese de doutorado,[1] quando

1. E. S. Silva, *O contexto das práticas policiais nas favelas da Maré: a busca*

me aventurei a discutir o tema da segurança pública a partir dos meus atravessamentos enquanto pessoa que, assim como Andreza, tem toda sua existência marcada pela vivência em Nova Holanda, na Maré.

É importante ressaltar que a escolha por uma reflexão e escrita em que estamos implicadas busca, sobretudo, deslocar a ideia fixa ocidental de uma possível neutralidade na produção de conhecimento. Nessa perspectiva, não há contextos simples nem homogêneos quando pensamos nas formas de expressão das mulheres, em todas as suas possibilidades de ser e atuar. Qualquer tentativa, portanto, de enquadramento e universalização de nossas lutas não seria coerente.

Por isso, o estudo sobre o significado dos conceitos de "feminismo" e "favelado" se faz tão necessário. Andreza Jorge ressalta a essência negativa que essas palavras carregam, demonstrando como é primordial ressignificá-las para abrir espaço para um campo de possibilidades que considere as mulheres das favelas e periferias. Trata-se de uma investigação sensível e sagaz da qual emergem as memórias e vivências da trajetória familiar da autora, como os atravessamentos marcados pelas remoções de moradores de favelas no Rio de Janeiro, tendo sempre a inventividade das mulheres como um determinante. O livro traz, ainda, o envolvimento de Andreza na criação de um projeto artístico – o Mulheres ao Vento –, que

de novos caminhos a partir de seus protagonistas. Departamento de Serviço Social, Rio de Janeiro, PUC-Rio, 2009.

Maré, território de entrecruzamentos e pensamento

possibilita por meio da linguagem da dança a descoberta desse(s) corpo(s) de mulher(es) afro-indígenas e faveladas, que se movem para deslocar o eixo que estrutura tantas desigualdades. Uma proposta que, além disso, penetra nas reflexões sobre Iansã/Oiá, uma deusa do panteão africano iorubá, como a autora nos apresenta.

A inserção de trechos das entrevistas realizadas com as integrantes do projeto Mulheres ao Vento provoca novas reflexões a partir de suas vidas, dores e lutas em diferentes contextos dentro da Maré. São relatos que nos levam para as questões subjetivas e idiossincráticas que movem em larga medida a vida das mulheres nas favelas e periferias do Brasil.

É a partir desse chão que situo a obra que você tem em suas mãos.

ELIANA SOUSA SILVA é fundadora e diretora da Associação Redes de Desenvolvimento da Maré, doutora em Serviço Social pela Pontifícia Universidade Católica do Rio de Janeiro (PUC-Rio).

FEMINISMOS FAVELADOS

INTRODUÇÃO

Para iniciar esta conversa, é importante estabelecer alguns combinados. O primeiro, algo que me é muito caro, é forjar e experimentar a construção de um conceito teórico e lançá-lo ao mundo. Para mim, trata-se de uma aposta coletiva, sobretudo, dentro do campo teórico denominado humanidades. Por isso, me agarro na força oriunda das experiências intelectuais coletivas para ser apenas *quem* escreve neste livro pensamentos alicerçados entre mulheres e suas vivências. Deixo negritado que tudo aqui exposto faz parte de uma conversa permeada por vozes plurais e por existências plurais, e não cabe jamais a universalização de uma fala, de um olhar, de um território específico.

Embora defenda que a construção coletiva é, por excelência, uma forma de produção de conhecimento presente em muitas filosofias e cosmogonias espalhadas mundo afora, atento para o fato de que afirmar nossas individualidades em um contexto de opressões estruturais é também um ato de muita coragem e resistência.

Nesse sentido, outro combinado para esta escrita é compreender a individualidade e a singularidade das histórias. Não de forma direcionada e constitutiva de padrões a serem seguidos, mas como resgate e afirmação de algo que jamais deveríamos ter de fazer: brigar por nossas humanidades, em que nos assumimos como sujeitas diante de tantos processos consecutivos de desumanização, aos quais somos submetidas há tanto tempo.

Ao propor esses combinados, almejo apontar caminhos que possam, dentro de tão rígidas estruturas, fomentar a pluriversalidade das ideias como condição fundamental para o pensamento e, por assim dizer, para a vida de todo mundo. São muitas as armadilhas construídas pelos cis-temas de opressão, que elaboram formas sofisticadas de exclusão e de eterna desumanização de pessoas pertencentes a grupos sociais específicos. cis-temas esses que criam discursos falaciosos sobre a suposta importância desses indivíduos nos espaços coletivos, com falas acaloradas sobre serem parte de planos políticos de sociedade brasileira, de autonomia e de espaços de fala. Diante disso, digo: não há construção coletiva sem uma reflexão crítica e profunda sobre as relações estruturais de poder. Pelo menos não no contexto em que vivemos.

Não há como exigir coletividade se dentro do chamado "conjunto de iguais" há uma hierarquização no que se refere (ainda) à humanização de indivíduos e isso é observado em todas as esferas sociais, quando sabemos bem quais são os indivíduos e grupos que ainda precisam afirmar, diariamente, suas condições de sujeites da própria história para poderem sobreviver.

Não há coletividade sem que todos sejam realmente vistos como humanos.

Por isso, esses combinados e a escrita humilde e assertiva destas palavras não têm como premissa reivindicar humanidades, pois do lado de cá, por mais que tentem me fazer esquecer, sei bem o que sou e sei bem de onde venho, por isso, sei bem o que produzimos, o que criamos, o que pensamos, o que sentimos e, principalmente, o que sonhamos para o futuro. O desejo real é ampliar essas reflexões e corroborar com a construção de uma sociedade, que, para ser possível, precisa urgentemente ruir suas estruturas perversas coloniais, que são, por excelência, desumanizantes.

O termo/conceito construído e proposto aqui nada mais é do que a junção de duas palavras que apresentam condições parecidas. São palavras inventadas (como todas as outras) que passaram a existir a partir de seus significados e sentidos, tornando-se linguagem. "Feminismo" e "favelado" são duas palavras construídas para serem ruins – de modos distintos, afirmo, mas com efeitos parecidos: aprisionam, magoam, essencializam e excluem.

Feminismo: construída para nomear a luta e a resistência das mulheres, surgiu dentro de um ambiente universalista, excludente e potencialmente opressor em muitos sentidos. Criada como algo positivo, precisou e precisa de ressignificação para fazer sentido no que se propõe.

Introdução 17

Favelado: construída para nomear pejorativamente pessoas com uma condição de vida em comum, é usada como um marcador atrelado propositalmente a tantas outras palavras ofensivas. Criada como algo negativo, tem sido ressignificada como luta identitária e de fissura epistemológica. Tornou-se um termo de autoafirmação e resistência.

Juntas, as duas me apontam múltiplas direções capazes de interferir, inclusive, no próprio significado antes do conceito em si. Propor a nomeação de um feminismo favelado é também uma disputa de linguagem, esse aparato de poder e dominação capaz de aprisionar e domesticar.

O artista Yhuri Cruz, em um dos seus trabalhos criativos de projeto gráfico para criptas, apresenta a frase-proposta, na "Cripta nº 4": "Trair a linguagem, emancipar movimentos".[1] E, assim, faço dela um caminho a se rascunhar. Ao trair os sentidos da linguagem nesse conceito, busco emancipar movimentos e produzir novos enunciados.

Com o intuito de emancipar movimentos, este livro tem como dispositivo de análise minha própria vida e os atravessamentos que me constituem, partindo da afirmação de minha individualidade como sujeita da própria história para pensar a coletividade que me inscreve no mundo. Falo de minha trajetória familiar e de trabalho, que são atravessadas majoritariamente por mulheres e,

---

1. Experiência gráfica registrada em um dossiê visual. Y. Cruz, Eixos (ensaio visual), *Poiésis*. Niterói, v. 21, n. 35, 2020, p. 7. Disponível em: <https://doi.org/10.22409/poiesis.v21i35.40415> Acesso em mar. 2023.

fundamentalmente, por mulheres que, assim como eu, são moradoras do conjunto de favelas da Maré.

Trago também o projeto artístico de dança chamado Mulheres ao Vento (MAV), idealizado por mim e pela artista e pesquisadora Simonne Alves, que teve início no ano de 2016, após a conquista de um edital público da Secretaria Municipal de Cultura do Rio de Janeiro, com aulas teóricas e práticas voltadas para mulheres da Maré e em parceria com iniciativas comunitárias locais.

O projeto tem como principal inspiração o aprofundamento em seus estudos sobre Iansã/Oiá, uma deusa do panteão africano iorubá, presente em diversas religiosidades e no imaginário popular da cultura afrodiaspórica brasileira. No decorrer destes escritos, revisito desdobramentos e metodologias que me conduziram por uma pesquisa acadêmica para a construção de minha dissertação de mestrado, defendida em 2019 no Programa de Pós-Graduação em Relações Étnico-Raciais, do Cefet/RJ, sob a orientação da professora dra. Fátima Lima. A pesquisa gira em torno de temas como mulheres, favela, corpo, dança e ancestralidades, com a apresentação de epistemologias presentes nos estudos feministas negro, decolonial e interseccional.

Agrego aqui as vivências e o aprendizado, oriundos do ativismo, da mobilização e da articulação comunitária, bem como o conceito de escrevivência corporal, forjado em pesquisas e trabalhos anteriores, para compreender as subjetividades expressas nas produções artísticas e criativas de mulheres que apontam caminhos de recuperação identitária de memórias racializadas e faveladas. Abarco as pesquisas em filosofias, cosmogonias e espiritualidades africanas, afrodiaspóricas e ameríndias, conceitos e bibliografias compreendidas no cânone academicista como subalternizadas, e o desejo constante de emancipar movimentos e pluriversos dinâmicos, principalmente os que não corroboram com opressões sistêmicas e estruturais.

Esta escrita está permeada por estudos de diferentes vertentes dos movimentos feministas, com ênfase nos movimentos decoloniais e demarcados identitariamente, de modo a valorizar esse tema no intuito de sublinhar os principais pontos defendidos por esses movimentos, enaltecendo a importância de suas agendas para a transformação social.

No entanto, questiono e sublinho as rusgas possíveis e as lacunas que possam estar presentes nas ações pautadas pelos movimentos feministas contra-hegemônicos, posicionando a iniciativa do projeto Mulheres ao Vento realizado na Maré como um exemplo do que tenho chamado de *feminismo favelado* na práxis. Assim, compartilho os resultados das experiências subjetivas e coletivas entre mulheres faveladas em suas subjetividades por meio da dança.

As ações desenvolvidas e analisadas no projeto Mulheres ao Vento dialogam diretamente com as epistemologias existentes nos feminismos negros e decoloniais, posto que a relação entre as mulheres e a visibilidade dos saberes negros, indígenas e favelados delas oriundos constroem uma teia de resistência e de potência dentro de uma sociedade sexista e racista. O que nada mais é do

Feminismos favelados

que a própria premissa dos feminismos negros de implicação e proposição política de transformação social.

Enunciar referenciais epistemológicos pluriversos a partir da trajetória de mulheres que trazem como marcador prioritário em comum a vida em território favelado, ainda que específico, apresenta pontos de confluência capazes de produzir reflexões que contribuem para a construção de uma sociedade com menos assimetrias – de classe, raciais, sexuais e territoriais.

Por outro lado, vale destacar que o termo ao qual denomino como *feminismos* só pode ser tomado de forma plural a partir de diferentes reflexões de mulheres posicionadas em diversidade social, territorial e global. O que pode ser apontado como um elo comum nessa experiência que considero relevante enquanto movimento de mulheres é o enfrentamento prioritário das questões de gênero, inseparáveis da raça, das práticas racistas e da compreensão da opressão de classe de forma ampliada ao território.

Seria inviável pensar em feminismos favelados sem classificar, para além dos marcadores de gênero e de classe/território, o marcador racial, uma vez que esses marcadores estão encruzilhados e sobrepostos em uma mirada interseccional sobre as estruturas de opressão.

Falar de mulher favelada é falar de mulher negra, é falar de mulher indígena, é falar de mulher migrante e do que representa social e racialmente o eixo Norte-Nordeste em relação ao eixo Sul-Sudeste; por isso é também falar de profissões historicamente subalternizadas, é falar de ridicularização midiática, é falar de fome e miséria, é

Introdução 21

falar de violência letal institucionalizada... E, assim, todas as análises aqui presentes perpassam pela compreensão das desigualdades, tendo a teoria da interseccionalidade[2] como ferramenta analítica imprescindível.

Estou completamente inserida em toda essa construção, fortalecendo a decomposição da ideia ocidental de produção intelectual perpassada por uma suposta neutralidade – que é completamente inexistente – e aliada ao projeto colonial de poder de produção "universal de conhecimento". Estou totalmente implicada e inserida nesta escrita de múltiplas formas, em uma pluralidade de sentidos ao assumir diversos papéis nesta jornada. Sem classificá-los por ordem de valor, desejo ou importância, assumir esses diferentes papéis potencializou meu olhar ao me colocar em uma encruzilhada, utilizando a metáfora criada pela autora Gloria Anzaldúa na poesia:

LA ENCRUCIJADA/A ENCRUZILHADA

Uma galinha está sendo sacrificada
numa encruzilhada, um simples monte de terra
Um templo de lama para Exu,
Yoruba deus da indeterminação,
que abençoa sua escolha por um caminho.
Ela inicia sua jornada.[3]

2. C. Akotirene, *O que é interseccionalidade?*, 2018.
3. G. Anzaldúa, "La conciencia de la mestiza: rumo a uma nova consciência", *Revista Estudos Feministas*, vol. 13, n. 3, 2005, p. 707.

Inicio esta jornada enunciativa em uma encruzilhada como uma oferenda às deusas e aos deuses donos dos caminhos e das possibilidades. Um templo para Exu, que foi descrito por Anzaldúa como o deus da indeterminação. Me proponho, então, a somar diferentes pontos de vista e sensações, sem excluir nenhuma fonte de saber. Sigo *encruzilhando* todas elas. Este é o início da minha jornada.

Nesta oferenda posta para Exu, sou professora e coidealizadora do projeto Mulheres ao Vento. Sou moradora há 32 anos do Complexo de favelas da Maré. Sou uma mulher afro-indígena e favelada ativista. Trabalho em organizações da sociedade civil por mais de dez anos – em projetos com foco nos temas de gênero, raça e território. Sou mãe de uma menina negra e favelada. Sou filha e neta de mulheres afro-indígenas e faveladas. Sou acadêmica, pesquisadora, bailarina, diretora cênica, produtora cultural, escritora e poeta.

Por isso, me coloco dentro desse *padê*, ou seja, dessa oferenda/sacrifício para os deuses donos dos caminhos. Crio, assim, uma conexão simbólica com os múltiplos significados que esses saberes proporcionam de forma potente e aberta a novas encruzilhadas. Saudando Exu, o orixá iorubá que é o deus dos caminhos, da comunicação, e que tem nas encruzilhadas seu lar: Laroyê![4]

---

4. Pode ser traduzida como um "Salve!". Saudação feita à entidade Exu, também utilizada na entrega de oferendas ou como pedido de proteção nas espiritualidades de matriz africana no Brasil.

Dito isso, ratifico que estes escritos estão fundamentados no fazer pesquisa imersa e implicada, em que assumo o papel de pesquisadora para a realização deste trabalho como alguém que foge ao lugar determinado da chamada "ciência dura", que separa pragmaticamente *os sujeitos* de sua análise. Esta reflexão nasce de uma prática *in-munda*, contaminando as reflexões por meio da relação entre diversos processos subjetivos provocados. Minha implicação nestes escritos é intrínseca à produção de conhecimento.

De acordo com Gomes e Merhy:

> *o conceito de implicação consiste na produção de questionamentos sobre a própria prática do pesquisador, in-mundo. [...] Nesta perspectiva, o pesquisador in--mundo emaranha-se, mistura-se, afeta-se com o processo de pesquisa, diluindo o próprio objeto, uma vez que se deixa contaminar com esse processo e, se sujando de mundo, é atravessado e inundado pelos encontros.*[5]

A metodologia do ser pesquisador *in-mundo* reveste todo este trabalho, uma vez que as práticas investigadas estão ligadas a ações organicamente coletivas, implicadas no processo de elaboração e metodologia, entendendo a transversalidade como um operador que pretende romper com a dicotomia de uma dimensão verticalizada nas

---

5. M. P. C. Gomes; E. E. Merhy, *Pesquisadores IN-MUNDO: um estudo da produção do acesso e barreira em saúde mental*, 2014, p. 156.

instituições – as quais se referem a uma hierarquização tanto organizacional como das relações de saberes e poderes. Aposto em uma dimensão horizontalizada, de possibilidades de conexões entre saberes e territórios identitários.

A partir de um olhar transversal e do ato de se "sujar de mundo", correlaciono atravessamentos para visibilizar e enaltecer múltiplos saberes de forma não hierárquica. Em alguns momentos deste livro, cito as entrevistas realizadas em 2018 com algumas participantes do projeto Mulheres ao Vento (MAV). Todas as entrevistadas são moradoras da Maré, autodeclaradas negras e participam do projeto de dança, com apresentações em público nos espetáculos construídos coletivamente pelo grupo. Utilizarei nomes fictícios de mulheres-símbolos históricos da cultura brasileira para nomear a fala das entrevistadas a fim de resguardar suas reais identidades.

A saber:

Nome	Idade	Composição familiar	Tempo de Maré	Turma do MAV
Dandara	31	Companheiro, dois filhos e uma filha	Toda vida	MAV 3
Maria Felipa	57	Companheiro e duas filhas	Chegou na infância, removida de outra favela	Todas

Eva Maria do Bonsucesso	29	Mãe solo e um filho	Toda vida	MAV 2
Tereza de Benguela	53	Companheiro, uma filha e um neto	Chegou na infância, vinda do Nordeste	MAV 1 e 2

Os elementos em torno da experiência do MAV se amalgamam com citações e referências bibliográficas acadêmicas diversas, com as minhas próprias narrativas, com histórias da minha família, com referências artísticas literárias, musicais e visuais.

Escrever é criar possibilidades para autoquestionamentos que partem dos marcadores sociais de ser uma mulher de origem afro-indígena e favelada dentro de um campo epistemológico que tem o corpo como dispositivo principal, como é o caso da dança, das artes. E, com isso, transitar por todas possibilidades de opressão, mas também de potência que possam incidir sobre esses corpos.

Me senti com a missão de pensar em uma forma de enxergar a produção artística de subjetividades e a presença corporal criativa e poética dessas mulheres a partir das próprias experiências que também me atravessam e me fazem chegar nessas autorreflexões e no ato de contar minha história com os estudos e as teorias feministas.

É preciso deixar nítido que qualquer resultado dessas reflexões, pesquisa e conceito, não poderá nunca ser objeto de generalização e essencialização de um grupo social, mas, sim, indicador de possibilidades e questionamentos que nos ajudem a perceber nuances do tema proposto. Assim, fomento o debate político, cultural e sociológico que existe nas complexas experiências de vida das mulheres em contexto de favela.

Nessa aposta, o primeiro capítulo traz atravessamentos corporais (ser artista), identitários (ser afro-indígena) e territoriais (ser favelada) que me marcam e me conectam com outras múltiplas mulheres e histórias. Dessa forma, desde o início do livro, estão presentes relatos de entrevistas com algumas das participantes do projeto Mulheres ao Vento, de forma dialógica, não apenas nas questões que me tocam, mas também nas reflexões que esta obra se propõe a fazer sobre a luta das mulheres.

Já o segundo capítulo tem como objetivo discorrer acerca dos feminismos e traz o tema do silenciamento das produções das mulheres negras e indígenas como um elemento para pensar nas relações que se estabelecem entre raça, gênero, classe e território. Ao fazer isso, o desejo é criar uma relação direta entre as lutas e as resistências dessas mulheres, tanto em fissuras provocadas pelas suas ações, como em caminhos traçados, reconhecidos e imprescindíveis de serem lembrados.

O terceiro capítulo fala a respeito da urgência de as mulheres faveladas contarem suas histórias por elas mesmas, com suas formas de falar sobre a vida e a potência de uma vivência artístico-corporal para a disseminação dessas histórias e de uma literatura que está para além das palavras escritas e faladas. Histórias escritas nos movimentos e nos corpos das mulheres faveladas, o

Introdução 27

corpo-subjetividade sendo a personificação dessas narrativas e metodologias supracitadas. Um dos principais elementos deste capítulo e do próprio projeto Mulheres ao Vento é a representatividade feminina pelo viés da força da orixá Iansã/Oiá como referencial de aprendizado coletivo e transformador.

Por fim, agradeço a possibilidade de colaborar com mais um ponto de vista para um debate tão urgente e importante que é a vida das mulheres e de uma população que segue sistematicamente subalternizada por esse cis-tema de morte e dominação. É impossível não mencionar o fato de que estes escritos acontecem no revisitar de uma pesquisa realizada entre os anos de 2017 e 2019, por efeito do posterior enfrentamento de uma crise emergencial sanitária provocada pela pandemia mundial de Covid-19.

Mais uma vez, quem tem padecido com a dor e o sofrimento em maior escala são justamente as pessoas negras, indígenas, pobres e faveladas, sendo as mulheres também um retrato desse sofrimento por meio de suas jornadas quadruplicadas de trabalho, do aumento da violência doméstica e de todo desamparo e assistência governamental insuficiente. Tempos duros. Eu sei. Eu sinto. Eu vejo.

E assim como Achille Mbembe[6] nos convoca, *visceralizo* minha resistência contra os poderes que brutalizam meu corpo.

---

6. A. Mbembe, *Poder brutal, resistência visceral*, 2019.

1. NOSSOS PASSOS VÊM DE LONGE E O TERRITÓRIO É NOSSO CORPO, NOSSO ESPÍRITO — SOU/SOMOS VENTO

*Sou resistência, identidade, carrego em mim significado
e as marcas no meu caminho de quem sempre esteve ao
meu lado.
Não me perco mais em não me ver em você.
Não questiono, nem duvido, apaguei de mim o "Onde?".
Marcada pela certeza
que meus passos vêm de longe.*
(Andreza Jorge)

Ao iniciar um capítulo que traz no título uma afirmação carregada de significados, anseio continuar um caminho já trilhado. E assim vou pisando neste território que é a morada de nosso corpo e espírito. Aceito a missão de dar continuidade ao curso da construção de narrativas que partem de lugares em comum.

São histórias de mulheres que têm como um dos pontos de partida da vida a marca do racismo, da opressão de classe e de território associada à marca de ser mulher negra ou indígena, na medida em que muitas de nós nos encontramos fora dos centros hegemônicos de poder, que são brancos, racistas e LGBTfóbicos.

A frase "nossos passos vêm de longe" se tornou um lema para mulheres negras. Foi cunhada por Fernanda Carneiro e utilizada como título do livro organizado por Jurema Werneck, *Saúde das mulheres negras: nossos passos vêm de longe*, de 2006. Ela confirma e ilumina o pensamento de que o ponto de partida das mulheres negras é justamente feito na continuidade dos caminhos traçados por mulheres negras que sempre foram protagonistas das suas histórias e, por assim dizer, de diversas lutas em prol de seu povo.

Ao unir essa frase-constatação de Fernanda Carneiro com a frase-lema "território, nosso corpo, nosso espírito", cunhada coletivamente pelo movimento de mulheres indígenas brasileiras exposto na 1ª *Marcha de Mulheres Indígenas*, em 2019, desejo encontrar caminhos plurais de entendimento sobre *um chão*. Um terreno fértil para conduzir nossas experiências, para caminharmos juntas a partir da compreensão de nossas existências marcadas por lacunas, mas também por um desejo pungente de resgate e de força ancestral.

Essa continuidade feminina, negra, indígena e de luta, eu chamo de *ancestralidade* e é a partir desse contexto que afirmo que, enquanto mulher afro-indígena e favelada, meus passos vêm de longe, e território, para mim, é o próprio corpo, o espírito. Ao utilizar o termo ancestralidade, aponto para o sentido de continuidade e visibilidade de lutas que me permitiram estar, hoje, compartilhando pensamentos neste livro.

Nesse sentido, o termo tem como finalidade remeter às construções plurais de identidade histórica de um grupo, abarcando todos os aspectos sociais, culturais, religiosos, econômicos e suas dinâmicas. Falar sobre ancestralidade

30   *Feminismos favelados*

é unir percepções de origens e seus desdobramentos que constituem experiências singulares de cada cultura.

Ancestralidade é a memória que atravessa o tempo, o corpo, a vida. Como é possível ver neste poema de Elisa Lucinda:

CONSTATAÇÃO
Pareço Cabo-verdiana
pareço Antilhana
pareço Martiniquenha
pareço Jamaicana
pareço Brasileira
pareço Capixaba
pareço Baiana
pareço Cubana
pareço Americana
pareço Senegalesa
em toda parte
pareço
com o mundo inteiro
de meu povo
pareço
sempre o fundo de tudo
a conga, o tambor
é o que nos leva adelante
pareço todos
porque pareço semelhante[1]

1. E. Lucinda, *O semelhante*, 2007.

Sou/Somos vento

Com o poema "Constatação", de Elisa Lucinda, é possível ilustrar e sentir o que é a ancestralidade que une caminhos e histórias produzindo atravessamentos ao nos colocar diante de nossa própria história e identidade. É esse sentimento que aguça o desejo de preencher as lacunas que foram criadas pelos apagamentos da colonialidade.[2]

Dando continuidade ao exercício teórico de pensar nos passos que vieram antes dos meus e que constituem territórios para meu corpo e meu espírito, para que hoje eu possa voltar e aprender maneiras e possibilidades de seguir em frente, a partir das experiências de mulheres que vieram antes de mim, trago o termo *atravessamento* para ilustrar e compor estes escritos. Uma das minhas empreitadas de continuidade e de construção de caminhos para as mulheres que virão.

Atravessamento, no dicionário, quer dizer (1) ato ou efeito de atravessar; (2) travessia; (3) traspassamento. Ao utilizar a palavra *atravessamento* para falar sobre o que *me atravessa*, tomo a liberdade de inserir na disputa pelos significados das palavras o sentido subjetivo de ser *atravessada* pelo que me constitui enquanto ser. Falo de memórias, fissuras, lacunas e histórias, assim, encaro uma

---

2. "A colonialidade é um dos elementos constitutivos e específicos do padrão mundial do poder capitalista. Funda-se na imposição de uma classificação racial/étnica da população mundial como pedra angular deste padrão de poder [...]." (A. Quijano, "Colonialidad del poder y clasificación social", in S. Castro-Gómez; R. Grosfoguel (orgs.). *El giro decolonial: reflexiones para una diversidad epistémica más allá del capitalismo global*, 2007, p. 93).

32   *Feminismos favelados*

disputa entre o entendimento hegemônico da língua portuguesa e do maravilhoso *pretoguês*, conceituado pela intelectual afro-indígena brasileira Lélia Gonzalez, ao afirmar que "aquilo que chamo de pretoguês nada mais é do que a marca de africanização do português falado no Brasil".[3] Dessa forma, consigo ampliar os significados subjetivos dessa palavra.

Sei bem que Lélia fala a respeito de como falamos palavras da língua portuguesa aqui no Brasil e também de como criamos palavras e conceitos baseados em uma forma não branca, ou não europeia, de ver o mundo, e principalmente de como a língua é e sempre foi uma forma sistemática de exclusão e apagamento, não só em relação às culturas negras, mas em relação a todas as etnias indígenas.

Nessa cena, sigo caminhos que já foram traçados quanto a uma crítica profunda sobre o apagamento da cultura negra na formação de construção de conhecimento do país para defender que a palavra *atravessamento* é uma palavra negra.

Contribuindo para meu pensamento, apresento um trecho do livro *Fogo no mato*, de Simas e Rufino:

> *O Atlântico é uma gigantesca encruzilhada. Por ela, atravessaram sabedorias de outras terras que vieram imantadas nos corpos, suportes de memórias e de experiências múltiplas que, lançadas na via do não*

3. L. Gonzalez, *Primavera para as rosas negras*, 2018, p. 323.

retorno, da desterritorialização e do despedaçamento cognitivo e identitário, reconstruíram-se no próprio curso, no transe, reinventando a si e o mundo. O colonialismo se edificou em detrimento daquilo que foi produzido como sendo o seu outro. A agenda colonial produz a descredibilidade de inúmeras formas de existência e de saber, como também produz a morte, seja ela física, através do extermínio, ou simbólica, através do desvio existencial.[4]

Falar sobre atravessamentos é, literalmente, contar histórias que foram atravessadas, nesse caso, pelo Atlântico – através de corpos negros – e que constroem os caminhos que me permitem estar aqui reforçando que são os *atravessamentos* que desenham esses passos que vieram de longe. Assim como o chegar e pisar nesta terra, tomando-a como território, remonta o significado proposto pelas mulheres indígenas de recuperação do corpo e do espírito e me ajuda a compreender minha própria existência a partir da ancestralidade indígena.

Por isso, realizar uma pesquisa e escrevê-la, trazendo como elemento de reflexão as vivências em um projeto social idealizado por duas mulheres racializadas, faveladas e composto por mulheres faveladas, negras e indígenas é falar sobre *atravessamentos*. Esse movimento procura visibilizar histórias e promover narrativas que

---

4. L. A. Simas; L. Rufino, *Fogo no mato: a ciência encantada das macumbas*, 2017, p. 17.

conspiram contra as narrativas oficiais e hegemônicas, que são brancas, heterocêntricas e racistas.

ATRAVESSAMENTOS — CONSTRUÇÃO E DESCONSTRUÇÃO DE UMA MULHER AFRO-INDÍGENA, FAVELADA E ARTISTA

A junção da história do território no qual nasci, bem como as implicações sociais de ser mulher e de ter origens negras e indígenas, com a experiência de um corpo artístico formado em dança é o primeiro passo para pensar em atravessamentos corporais e construir esta pesquisa. São minhas construções, desconstruções, reconstruções como mulher. Foi preciso percorrer os caminhos da memória e unir vários símbolos que forjam essa vivência, contando as histórias que me escrevem neste mundo.

É por meio da escrita, do corpo, da recuperação e da apropriação desses passos de longe que me encontro, me identifico e me reconheço. Como uma colcha de retalhos, sigo costurando lembranças, sonhos, mágoas, caminhadas, ensinamentos, inspirações que, unidas, formam os atravessamentos, as construções sociais e culturais que me formam.

Minha (re)construção está diretamente relacionada à memória que, aqui, é compreendida, antes de tudo, na sua dimensão política como lugar de luta social e um espaço de possibilidades de transformação e de atravessamentos. Falo especificamente da memória que me forma

Sou/Somos vento 35

dentro de uma sociedade carregada de estereótipos negativos, construídos e disseminados de maneira pejorativa no senso comum de uma estrutura social machista, racista, classista, opressora e cruelmente desigual.

Resgatar, visibilizar e contar nossa própria história, propagando o enaltecimento de saberes e epistemologias contra-hegemônicas é, sobretudo, um gesto de resistência, de re-existência e de potência que se torna inerente ao ato de estar no mundo, de ser um sujeite *in-mundo* – no mundo, "sujo" de mundo, dentro do mundo. Fortalecer e preservar esses processos de resgate de memória é também uma homenagem viva às minhas ancestrais que transformaram a árvore do esquecimento, o Baobá africano, em local seguro não para esquecer, mas para guardar suas histórias. Como diz a oralidade:

> *Conta-se que, antes de embarcarem nos navios negreiros, os negros escravizados faziam uma roda ao redor do baobá. As mulheres davam nove voltas no sentido anti-horário e os homens, sete: o ritual simbólico seria para que se esquecessem da sua terra natal antes de partirem para a travessia do mar.*[5]

A partir da história oral sobre a memória negra no período de escravidão transatlântica materializada na relação com a árvore Baobá, ilustram-se processos de

---

5. H. C. Alves, *Eu não sou o milho que me soca no pilão: jongo e memória pós-colonial na comunidade quilombola Machadinha-Quissamã*, 2016, p. 212.

resistência e re-existência das mulheres (e homens) que vieram antes de nós para esse *chão/território*. Sigo com a intensa e profunda missão de resgatar essas histórias, me mantendo em consonância com o pensamento da intelectual pan-africanista Assata Shakur, a qual nos convoca a pensar e agir quando nos diz que

> *ninguém vai te dar a educação que você precisa para derrotá-los. Ninguém vai lhe ensinar sua verdadeira história, seus verdadeiros heróis, se eles sabem que esse conhecimento irá lhe libertar.*[6]

Discorro a partir de três processos identitários: o ser afro-indígena, favelada e artista, como dispositivos analíticos que costuram o presente texto. As minhas experiências que, nesse caso, priorizo nestas três dimensões, fazem parte do meu próprio modo de fazer pesquisa, à medida em que me vejo *in-munda* na construção do tema deste estudo, aportando mais uma vez naquilo que Assata Shakur tão bem ressaltou: a aposta em um conhecimento libertador.

---

6. Trecho retirado de um site que organiza e traduz as produções textuais de Assata Shakur. Disponível em: <https://assatashakurpor.wordpress.com/textos/>. Acesso em maio 2022.

ATRAVESSAMENTO — SER AFRO-INDÍGENA

Sou um ato de juntar e unir que não apenas produz uma criatura tanto da luz como da escuridão, mas também uma criatura que questiona as definições de luz e de escuro e dá-lhes novos significados.[7]

Eu não era negra, tampouco era indígena. Nunca tinha sido. Na verdade, me dei conta conscientemente de minha identidade um pouco tarde, com a maioridade, no começo da juventude. Os motivos para isso são muitos, mas o principal atribuo ao fato de ter a pele no tom exato para ser chamada de morena e classificada oficialmente como parda, além do cabelo cacheado que nunca foi chamado de duro, mas que ainda precisa ser liso pra ser bonito e mais aceito.

Esses fatos concretos contribuíram para que, durante anos, a imagem de ser uma mulher negra ou indígena se distanciasse de mim, mesmo minha mãe concentrando todas as "piadas" (leia-se ofensas) racistas sobre "cabelo ruim" ou "cabelo duro" na família. O que me mostra quão opressivos os processos de apagamento identitário podem ser.

Minha história começa nesta formação de família brasileira dita miscigenada. Tanto a materna quanto a paterna, até onde consegui saber, vieram do estado

7. G. Anzaldúa, "La conciencia de la mestiza: rumo a uma nova consciência", *Revista Estudos Feministas*, vol. 13, n. 3, 2005, p. 708.

do Rio de Janeiro. Minha família materna veio da região serrana de Santa Maria Madalena e Itaperuna e a paterna, da região noroeste do Rio de Janeiro, de Santo Antônio de Pádua, regiões relativamente próximas e com características parecidas – os povos originários das duas pertencem aos indígenas do tronco cultural-linguístico concebido como *Macro-jejê,* que são os Puris e Coroados.

Essas foram regiões produtoras de café e cana-de--açúcar que utilizaram mão de obra escravizada negra e indígena em sua formação e acúmulo de riqueza. A cidade de Santa Maria Madalena, por exemplo, tem na história de sua fundação o registro de que foi um mateiro que "desbravou" o local quando estava à procura de escravizados fugidos e posteriormente teria "trocado" os lotes de terra com um frei português por uma espingarda, para que o frei construísse uma igreja com o intento de catequizar os habitantes nativos.[8] Ou seja, os dois municípios guardam o retrato cruel de colonização e escravidão contra negros e indígenas que forjou este país.

Ouvi de minha avó materna, minha vó Tina, que sua avó, ou seja, minha trisavó, era índia Negra Puri que foi laçada na mata, estuprada e obrigada a se relacionar e se casar à força com um homem. Essa é uma história, infelizmente, muito comum na construção deste país, tanto que se assemelha àquela narrada no texto "O laço que virou

---

8. IBGE – INSTITUTO BRASILEIRO DE GEOGRAFIA E ESTATÍSTICA, Santa Maria Madalena, 2017. Disponível em: <https://cidades.ibge.gov.br/brasil/rj/santa-maria-madalena/historico>. Acesso em jun. 2018.

nó – a construção do caminho de volta",[9] escrito pela professora Náma Puri ao retomar sua história e identidade.

A linhagem feminina de minha família materna carrega essa identidade originada dos conhecidos como "negros Puri", nativos da região Sudeste que tinham a pele escura, cabelos de fios grossos e negros, eram nômades e viviam nas proximidades dos rios da região.

Minha avó Tina tinha traços e fenótipos raciais negros e indígenas. Meu avô materno, que se chamava Gilson, era lido e entendido como *caboclo*. Foi um filho considerado bastardo, por ter nascido de minha bisavó quando ela já era viúva e se envolveu com um *mulato* (mestiço entre branco e negro), o que fez com que meu avô nascesse mais escuro que os irmãos. Não tenho conhecimento do pertencimento racial da família de meu avô materno para além dessa história registrada por conversas na família ao provocar as lembranças-memórias de meus tios-avôs e tios.

Inclusive, outro fato relevante nessa história familiar é que meu avô materno foi registrado como filho de seu irmão mais velho. Essa foi uma atitude autoritária e punitiva contra a própria mãe por ter se envolvido com outro homem, e ainda mais com um mulato, após a viuvez. Meu avô materno não teve a chance de conhecer o

---

9. N. Puri (Carmelita Lopes), "O laço que virou nó – a construção do caminho de volta", 2014. Disponível em: <https://povopuri.wixsite.com/memoriapuri/post/um-causo-uma-hist%C3%B3ria-minha-hist%C3%B3ria-por-carmelita-lopes-n%C3%A1ma-puri>. Acesso em dez. 2020.

próprio pai. Essa parte da minha família veio de Itaperuna, com uma história profundamente marcada pelas violências coloniais e aniquiladoras de identidades.

Já minha família paterna é de Santo Antônio de Pádua, uma terra que também pertence aos povos Puris e Coroados. Uma região que, no período escravista, tornou-se grande produtora de café, com suas casas-grandes e senzalas. Tive pouco contato com a família de meu pai, pelo fato de ele ter falecido quando eu ainda era bem pequena. Não desenvolvi um contato íntimo com essa minha parte da família, no entanto sei que meu avô nasceu nessas fazendas de café, filho de trabalhadores rurais dessas fazendas, que tinham sido filhos, desde sempre, de trabalhadores dessas fazendas. O que sei desse meu avô é que seu nome era José Jorge Filho e que meu bisavô era apenas José Jorge.

Meu avô paterno tinha o tom de pele escuro, traços negros e indígenas, e minha avó paterna, a vó Lira, era uma mulher de traços indígenas muito característicos com os olhos puxados, os cabelos lisos e escuros, assim como os dos meus tios paternos e de meu pai.

Com o tempo, na formação dessa família até chegar à minha geração, foram muitos encontros e miscigenações, com pessoas negras e indígenas como parte fundamental e dominante na construção dos fenótipos dos meus familiares, de maneira suficiente para não serem considerados brancos na sociedade, mas o suficiente também para escaparem, salvo algumas exceções, das ofensas e discriminações raciais que ferem e matam diariamente no Brasil

Sou/Somos vento 41

as pessoas com fenótipos negros e indígenas mais marcados, considerando os contextos urbanos e rurais.

Há uma história antiga que demonstra as relações estabelecidas entre os negros e os indígenas Puris no Sudeste do Brasil. É a história do velho Vuitir, o Mongo véio Puri, resgatada pelo historiador Benedito Prezia, que diz assim:

Se a memória do brasileiro em relação aos povos indígenas é pequena, mais ainda em se tratando dos povos coletores, que viviam em perambulação, este é o caso do povo Puri, que no século XVI vivia no Vale do rio Paraíba, que atravessa os atuais estados de São Paulo e Rio de Janeiro. Organizados em pequenos grupos, instalavam-se em acampamentos provisórios, deslocando-se constantemente em busca de alimentos, como pinhão, sapucaia, mel e caça. Era um povo pacífico, embora arredio e acanhado. Quando o vale começou a ser ocupado pelos luso-brasileiros no século XVII, os Puri se deslocaram para o interior, cruzando a serra da Mantiqueira, espalhando-se pelo Sudeste de Minas Gerais. Lá tiveram que enfrentar outros povos indígenas que lhes eram hostis, como os Coroados e os Botocudos, além dos portugueses, que buscavam escravos para os garimpos. Diante dessas pressões, parte do grupo retornou a seu território tradicional, no médio Paraíba, indo viver no Minhocal, próximo a um dos afluentes do rio Preto, a cerca de 30 quilômetros do rio Paraíba, já no estado do Rio de Janeiro. Em 1780, devido à escassez de alimentos, começaram a invadir fazendas. Como havia constantes

42 *Feminismos favelados*

*reclamações dos moradores, o vice-rei autorizou a for-
mação de uma milícia, constituída por pessoas da região e alguns soldados, comandada pelo sargento-mor
Joaquim Xavier Curado. Os ataques ocorreram, seja
em confrontos diretos, seja com emboscadas. Uma no-
vidade desse conflito foi a utilização de "armas bacte-
riológicas", quando foram deixadas no acampamento
indígena roupas contaminadas de varíola. As mortes
foram tantas, que no dizer de Joaquim Norberto Souza
e Silva, "as torrentes caudalosas [do rio Paraíba] arras-
tavam cotidianamente os hediondos cadáveres das mí-
seras vítimas [Puri]". Anos depois, o governo decidiu
mudar de estratégia: ao invés de guerra de extermínio,
procurou criar alguns aldeamentos com indígenas "pa-
cificados". Assim, a Puri Mariquita será a intermediária na fundação do aldeamento São Luís Beltrão, em
1785, na antiga aldeia do Minhocal, na província do
Rio de Janeiro, e o líder Vuitir ajudará na fundação do
aldeamento de São João de Queluz, na província de São
Paulo, em 1800. Vuitir mostrava grande ascendência
sobre seu povo, além de bom relacionamento com os
brasileiros. Por isso, conseguiu levar 80 famílias para
serem aldeadas, desde que o governo se comprometesse
em dar bom tratamento, não os escravizar e dar um pa-
dre para ensinar-lhes a doutrina cristã e para defendê-
-los. Como bom andarilho, logo que pôde, Vuitir partiu
para outras localidades, percorrendo a região. Ao voltar
para o aldeamento, para sua surpresa, encontrou escravos africanos trazidos pelo diretor de índios, Januário*

Sou/Somos vento 43

Nunes da Silva. Esses trabalhavam nas roças do diretor de índios, sendo vítimas de constantes castigos. Por isso, Puri queixou-se ao capelão: "Tire ferro cabeça homem negro, deixe negro vortá! Mande embora feitô mau!". Logo percebeu que pouca autoridade tinha sobre aquela situação, já que a escravidão era aceita por todos. Entretanto, sua postura fez com que os negros o vissem de outra forma e passaram a chamá-lo de Mongo, que em banto significa "deus, protetor". Desiludido com tal situação, optou em retornar para o mato, acompanhado de seu grupo familiar. Com o tempo, as famílias Puri foram morrendo, vítimas de doenças ou se integraram à população local. Abandonada, a missão de Queluz tornou-se uma vila portuguesa, com escravos, pelourinho e forca. De Vuitir, nunca mais se teve notícias, tornando-se um personagem mítico para os escravos, que o invocavam nos seus cantos, ao serem ameaçados pelo feitor: "Foge feitô, Mongo véio vai vortá! Foge feitô, tarumã, tarumá!". Sua figura persistiu ainda por muito tempo e, em meados de 1940, o escritor J. B. Mello de Souza, numa festa do 13 de maio em Jataí, ouviu um jongo que recordava o "véio" Puri: "Passei córgo, passei rio, subi morro e passei mato, vi a cruz de Passa Quatro, vi cabôco frechadô. Andei perdido no sertão, lá do Embaú, fui mordido de urutu... Mongo véio não vortô!...".[10]

10. B. Prezia, "Vuitir, o Mongo véio Puri", *Porantim*, ano XXXV, n. 357, Brasília, DF, ago. 2013. Disponível em: <https://cimi.org.br/pub/Porantim/2013/Porantim%20357-para%20SITE.pdf>. Acesso em abr. de 2023.

Essa história mostra os caminhos pavimentados pela união de dois grupos oprimidos pela dureza da colonialidade. Encontram-se no afeto mítico, ancestral e espiritual como processo de fortalecimento coletivo, memória e resistência. O canto do jongo, que conta a história dessa união, mostra caminhos da verve negra criativa em ação. Estratégias imprescindíveis de registro da memória.

De acordo com Lélia Gonzalez,[11] ao dialogar com a psicanálise lacaniana no seu texto "Racismo e sexismo na cultura brasileira", de 1984, "[a memória] é esse lugar de inscrições que restituem uma história que não foi escrita, o lugar da emergência da verdade, dessa verdade que se estrutura como ficção"[12] e estabelece uma dialética com a chamada "consciência", que é o lugar hegemônico da lacuna, do vazio, do apagamento para as populações negras e indígenas – justamente onde os discursos ideológicos se formam. Então, para Gonzalez, a "consciência exclui o que a mèmória inclui".

A autora segue afirmando que essa exclusão produzida por uma consciência que estruturalmente produz uma ideologia de esquecimento é fissurada pela memória, que "tem suas astúcias, seu jogo de cintura: por isso, ela fala através das mancadas do discurso da consciência". A criação artística, cultural e espiritual é uma astúcia da memória que nos aponta passos que vêm de longe.

---

11. L. Gonzalez, "Racismo e sexismo na cultura brasileira", *Ciências Sociais Hoje*, Anpocs, 1984, pp. 223-244.

12. Ibid., p. 266.

Nesse atravessamento, me considerando uma mulher afro-indígena brasileira, me vejo com a pele clara para ser preta e escura para ser branca, um cabelo pouco volumoso para ser crespo e muito volumoso para ser liso. Traços fenotípicos que levam a uma imagem construída do ser indígena e ser negra, mas nunca ser branca. Aos poucos, vou me apropriando do termo afro-indígena como o mais próximo da autoafirmação identitária, ainda tateando e tentando suprimir as lacunas produzidas pelo distanciamento cultural que produz pertencimento – fruto evidente da enorme invisibilidade de organização e luta indígena neste país, porém caminho com os *satês*[13] indígenas Puris nessa luta árdua de retomada identitária e de direitos.

Entretanto, admito aqui que esses fatos me forjam a partir de uma experiência de vida que me aproxima da afirmação da negritude com um pouco mais de conforto e legitimidade, pela vivência com os coletivos e movimentos de organização negra, corroborando com a afirmação de Stuart Hall[14] sobre a construção da identidade do ser negro, ao ressaltar que negro não é uma categoria de essência numa direção a homogeneidade, mas que existe um conjunto de diferenças históricas e experiências que devem ser consideradas e que localizam, situam e posicionam o povo negro.

13. Termo de origem Puri para denominar "parente", irmão que corresponde a uma correlação étnica.
14. S. Hall, *A identidade cultural na pós-modernidade*, 2003, p. 345.

E é a partir dessa construção cultural de resgate de memória e afirmação de identidade marcada por intercâmbios e processos de hibridização cultural – que se processaram e estão continuamente se processando, na diáspora[15] africana e indígena das diversas etnias que constituem o Brasil – que me sinto convocada por Stuart Hall a fugir de essencialismos culturais e identitários que não levam em conta esses atravessamentos.

Assumo, aqui, minha afirmação a partir de processos reflexivos e de vida que ao me construir me tornam quem sou, reforçando essas reflexões a partir do que coloca Neusa Santos ao afirmar que:

ser negro é, além disto, tomar consciência do processo ideológico que, através de um discurso mítico acerca

---

15. O termo diáspora, de acordo com F. Lamas, se refere à "dispersão de um povo em consequência de preconceito ou perseguição política, religiosa ou étnica. Tal definição serve para pensarmos a situação dos povos indígenas brasileiros, que desde o início do processo de colonização vivenciaram um constante movimento de fuga para áreas interioranas, procurando escapar do jugo lusitano. Essa fuga, ou melhor, esse abandono de um determinado território, não implicava, obrigatoriamente, abandono de determinadas tradições socioculturais que caracterizavam os indígenas. [...] A mudança do lócus não conduz a uma descaracterização total, mas apenas parcial, já que os indivíduos se adaptam para sobreviver. Entretanto, a diáspora indígena foi mais do que uma mera troca de lugar, pois foi forjada por lutas sangrentas que violentavam não somente o próprio corpo indígena, como também sua forma de produção cultural" (F. Lamas, *Os indígenas de Minas Gerais: Guerra, conquista da terra, colonização e deslocamentos*, 2012, p. 227).

de si, engendra uma estrutura de desconhecimento
que o aprisiona em uma imagem alienada, na qual
se reconhece.

[...] Assim, ser negro não é uma condição dada, a
priori, é um vir a ser. Ser negro é tornar-se negro.[16]

Da mesma forma, penso nas reflexões das populações indígenas que, além do apagamento identitário provocado pela miscigenação violenta, pelo embranquecimento eugênico e compulsório, pelo apagamento cultural e da memória, também enfrentam o apagamento identitário a partir das relações sociais que desafiam os limites entre a cidade e a aldeia. As quais, por sua vez, definem a todo momento qual é o lugar do ser indígena, desrespeitando e ignorando muitas vezes, até mesmo na formação racial do nosso país, as características físicas, espirituais e ancestrais de tantas etnias. Nas palavras poéticas de luta de Eliane Potiguara:

Que faço com a minha cara de índia?
E meus cabelos
E minhas rugas
E minha história
E meus segredos?
[...]
Que faço com a minha cara de índia?
E meu sangue

16. N. Souza, *Tornar-se negro*, 1983, p. 77.

E minha consciência
E minha luta
E nossos filhos?
Brasil, que faço com a minha cara de índia?
Não sou violência
Ou estupro
Eu sou história
Eu sou cunhã
Barriga brasileira
Ventre sagrado
Povo brasileiro[17]

Com isso em mente e a partir da minha afirmação como mulher afro-indígena, exponho aqui todos esses questionamentos diários que me fortalecem nos momentos em que me sinto, em certo ponto, constrangida ao afirmar minha identidade. No entanto, é imperativo ressaltar que todo posicionamento é político e meu entendimento de ser afro-indígena está construído e pautado em um conjunto de fatores que me formam cultura e socialmente, entendendo o colorismo e as possibilidades de discussão geradas pelas diferentes nuances de tom de pele e fenótipos negro e indígena, nesse caso, como um agente potencializador na luta pela igualdade e contra os privilégios da branquitude. Utilizo minha autoafirmação racial como transformador social na busca e na valorização de saberes contra-hegemônicos.

17. E. Potiguara, *Metade cara, metade máscara*, 2004, pp. 34-35.

Sou/Somos vento   49

Gloria Anzaldúa, que vivenciou outra experiência de mestiçagem como uma mulher chicana (mexicana ou descendente de indivíduos que habitam as regiões fronteiriças com os EUA), advoga a favor de uma consciência mestiça, que valoriza, reconhece, enaltece e luta contra os discursos hegemônicos:

> *É difícil diferenciar entre o que é herdado, o adquirido, o imposto. Ela (a mestiça) põe a história em uma peneira, separa as mentiras, observa as forças das quais nós, enquanto raça, enquanto mulheres, temos sido parte.*
>
> *Logo, bota o que não vale, as mentiras, os desencontros, o embrutecimento. Aguarda o juízo, profundo e enraizado, da gente antiga. Esse passo representa uma ruptura consciente com todas as tradições opressivas de todas as culturas e religiões. Ela comunica essa ruptura, documenta a luta. Reinterpreta a história e, usando novos símbolos, dá forma a novos mitos.*
>
> *Adota novas perspectivas sobre as mulheres de pele escura, mulheres e queers. Fortalece sua tolerância (e intolerância) à ambiguidade. Ela está disposta a compartilhar, a se tornar vulnerável às formas estrangeiras de ver e de pensar. Abre mão de todas as noções de segurança, do familiar. Desconstrói, constrói. Torna-se uma nahual,[18] capaz de se transformar em uma*

---

18. Derivada do termo *naualli*, do idioma Nahuatl, a palavra *nahual* significa um feiticeiro que pode transformar sua forma física. (H. G. Nutini;

50 *Feminismos favelados*

*árvore, em um coiote, em uma outra pessoa. Aprende
a transformar o pequeno "eu" no "eu total". Se torna
moldadora de sua alma. Segundo a concepção que tem
de si mesma, assim será.*[19]

Acredito na importância de trazer para a complexa discussão sobre mestiçagem, em nosso contexto, o que foi pontuado por Anzaldúa. No entanto, corroboro com a necessidade de pontuar a especificidade brasileira. Os resquícios do processo de branqueamento do povo brasileiro e o projeto eugenista de eliminação das raças consideradas inferiores à raça branca, que foi cristalizado na falácia do "mito da democracia racial", e todos esses componentes fundamentais na história do embranquecimento dos brasileiros tornam a mestiçagem/miscigenação um assunto muito caro e doloroso para a população negra e indígena.

Isso é exemplificado pela dificuldade de grande parte da população em se autoafirmar e se autorreconhecer enquanto negra ou indígena. O que se deve ao fato de a miscigenação e a mestiçagem seguirem como um dos principais argumentos para o embranquecimento, atuando como uma forma de "escapar" da imagem pejorativa de ser negra ou indígena que foi construída na sociedade.

Entendo, aqui, a identidade sobre minha cor como um processo subjetivo que foi sendo forjado por anos e

J. M. Roberts, *Bloodsucking Witchcraft: An Epistemological Study of Anthropomorphic Supernaturalism in Rural Tlaxcala*, 1993, p. 43).

19. G. Anzaldúa, op. cit., p. 709.

influenciado pela sociedade. Por isso, não adianta relativizar o reconhecimento racial e reduzi-lo a uma questão de mera afirmação, pois compreender-se como afro-indígena não é um fator decisivo para alguém que, de fato, seja tratado na sociedade como negra ou como indígena, uma vez que para isso acontecer é necessário que a sociedade também consiga reconhecer esses traços nessa pessoa.

Considerando todos os questionamentos expostos, tendo a minha própria vida atravessada pelas questões raciais e com o desenvolvimento do projeto Mulheres ao Vento, exemplifico conflitos e questionamentos raciais presentes na sociedade brasileira de forma cada vez mais contundente, ao consolidar um grupo de mulheres de diferentes pertencimentos raciais para pensar sobre pautas e agendas das mulheres faveladas, partindo de lugares de encontro e reconhecimento com sua história e passado.

Trazer essa discussão para as aulas do projeto proporcionou diferentes olhares analíticos, tais como as perspectivas de mulheres visivelmente racializadas com tom de pele não branco e muita dificuldade de se autoafirmarem como negras; mulheres com tom de pele clara, todas nordestinas, com fenótipos negros e indígenas (traços no rosto, cabelo crespo/cacheado); mulheres de pele negra escura que nunca tiveram dúvida da sua negritude devido à diferença de tratamento entre negros e brancos no Brasil; e também de mulheres brancas com fenótipos brancos, ainda que não detentoras de privilégios de classe.

Todos esses olhares contribuem para a produção de pensamentos em torno da sociedade brasileira e do

52 *Feminismos favelados*

racismo estrutural existente, que é revelado diariamente nos ataques à autoestima, à autoconfiança e à vida das pessoas que mais se aproximam, principalmente, da cor negra. Por isso, assumir uma identidade racial é também uma questão de autoconfiança que se potencializa com conhecimento das virtudes, valores e história a partir de um ponto de vista contra-hegemônico e não eurocêntrico, ou seja, conhecendo as *estórias* que a história não conta.

Uma das entrevistadas, a Maria Felipa, ao ser perguntada sobre a "contribuição do projeto" e das vivências das aulas na sua vida pessoal, fez o seguinte relato:

Eu me olhei por dentro. Me vi como uma pessoa. Dando valor a mim mesma. Passei a aceitar a mim mesma, a minha cor, o meu cabelo. Se aceitar como a gente é, porque antes a gente não queria se aceitar. Eu alisava o cabelo, esticava, botava bob, passava henê, passava pente quente, aí tinha que todo dia enrolar o cabelo. Agora não, eu saio e não me importo se meu cabelo está duro, se eu quiser pentear eu penteio, se eu não quiser eu não penteio. Vou pra rua, quem tem que gostar de mim, sou eu mesma, eu que tenho que me dar valor e não a opinião dos outros. É o que eu gosto e o que é bom pra mim.

A partir do fragmento acima, é possível perceber como a tomada de consciência racial é um processo complexo, marcado por dores, não aceitação, preconceitos e muitas violências decorrentes de práticas racistas. No entanto,

Sou/Somos vento 53

sem visibilizar e propagar reflexões e ideias que retomam e fortalecem a negritude, continuará difícil se afirmar como negra com orgulho de algo que não se tem pertencimento e que é construído e fomentado para ser mantido distante. Contudo, percebo que o caminho é bem mais fácil para criar esse pertencimento e orgulho quando fisicamente – por ter a pele mais clara e consequentemente ser socialmente mais aceito – se tem a possibilidade de escapar das violências diretas que acometem quem tem a pele mais escura e, então, se explicita a contradição da afirmação da negritude com o desejo de, por vezes, "escapar" do imaginário do "ser negro" existente na sociedade.

Corroborando com esse pensamento, cito mais um trecho da entrevista realizada com Maria Felipa, em sua resposta sobre sua cor/raça:

> *Não sou negra, sou parda, na minha certidão está parda. [...] As pessoas devem me ver como negra, mas sou parda, como está na minha certidão.*

Mais uma vez, o fragmento da narrativa visibiliza que a afirmação racial sempre será uma construção complexa, formada por uma série de questões subjetivas e objetivas. Isso se mostra no segundo trecho do relato de Maria Felipa a respeito da sua própria afirmação que, por vezes é contraditória, fazendo com que ela nem sempre se sinta encorajada a se afirmar enquanto uma mulher negra, utilizando-se de eufemismos criados em torno de sua autoafirmação racial.

É importante dizer que a autoafirmação racial brasileira segue sendo uma forma de conquista em detrimento de todos os frutos dos processos de embranquecimento pelos quais essa nação foi acometida e ainda é. É preciso ser fidedigna às categorias criadas para a distinção entre pretos e pardos que compõem a população negra brasileira, uma vez que a sistematização desses dados aponta resultados práticos dentro do espectro do colorismo e informa que a população preta retinta ainda precisa de um olhar direcionado das políticas públicas e ações de reparação histórica, além de estar, em termos gerais, em maior grau de vulnerabilidade social.

Veja bem, o debate aqui transcende a ideia, muitas vezes emocionada, de rejeitar a categoria "pardo" como autoafirmação racial, quando seu tom de pele for de fato mais claro, como um ato de reconhecimento da negritude e afirmação ideológica do "ser preto". É preciso reconhecer que a autoafirmação racial produz dados e que os dados fomentam políticas públicas. Autoafirmação racial é também responsabilidade política, histórica e de compromisso ético com o movimento social negro no decorrer da história.

No caso específico de Maria Felipa, falo de uma mulher negra, e de seus processos de reconhecimento identitário bem como da dificuldade recorrente de utilizar a palavra "negra" para se autodefinir, vendo no termo "pardo", por muitas vezes, sua redenção. A categoria de cor "parda" compreende a raça negra nos parâmetros de classificação de raça/cor no Brasil.

Concordo com Lélia Gonzalez, ao reconhecer a potência da frase dita pela filósofa francesa Simone de Beauvoir, a respeito do ato de se tornar mulher como algo construído. Porém, Lélia a complementa trazendo o debate racial para o centro do debate de gênero quando menciona:

> quando esta [Simone de Beauvoir] *afirma que a gente não nasce mulher, mas que a gente se torna (costumo retomar essa linha de pensamento no sentido da questão racial: a gente nasce preta, mulata, parda, marrom, roxinha etc., mas tornar-se negra é uma conquista).*[20]

Essas afirmações tornam o debate sempre uma fonte inesgotável de significados sobre o entendimento da identidade e, por conseguinte, do ser brasileiro e todas as suas miscigenações raciais, atentando para o fato de que todos os posicionamentos são de caráter ideológico e político, de consciência e de memória. Qualquer afirmação racial, assim, também o é.

Então, ser afro-indígena e carregar esses marcadores comigo, para além dos meus fenótipos e herança familiar, está na minha forma de ver e questionar o mundo, na minha construção do conhecimento, nas minhas relações sociais, ou seja: ser afro-indígena está antes de tudo

---

20. L. Gonzalez, "A importância da organização da mulher negra no processo de transformação social", *Raça e Classe*, Brasília, DF, ano 2, n. 5, nov./dez. 1988, p. 2.

no respeito e na gratidão às que vieram antes de mim, no bom senso ao perceber a passabilidade que a minha pele negra mais clara tem na sociedade em relação às irmãs de pele negra escura e/ou de traços fenotípicos indígenas mais visíveis. Assim, me construo como uma mulher afro-indígena totalmente implicada na luta que colabora para a destruição de uma sociedade opressora.

ATRAVESSAMENTO — SER FAVELADA

As periferias, as favelas são parte da cidade e não lugar à parte das cidades. São territórios marcados pelas organizações das pessoas, o que os diferencia de outras partes da cidade, para além dos baixos investimentos do Estado em que vivem.
(Marielle Franco)

Ao assumir aqui o termo "favelada", estou, sobretudo, afirmando politicamente um lugar de fala em que me encontro, no qual me formei social e culturalmente a ponto de o entender como parte fundamental da construção da minha identidade.

O termo favelada, que sempre foi e é, em muitos espaços subjetivos e objetivos, ainda pejorativamente associado a adjetivos e arquétipos negativos aos quais a população pobre e em sua maioria negra foi submetida durante anos na solidificação do racismo que fundamenta

Sou/Somos vento 57

as estruturas da sociedade brasileira, torna-se minha escrevivência. De acordo com a autora Conceição Evaristo, a escrevivência é a escrita dessa vivência da mulher negra na sociedade brasileira.

Favelada é um adjetivo que se potencializa, à medida que me torno parte de uma construção contra-hegemônica de resistência, inventividade e potência criativa que é a favela. "O meu lugar e onde eu estou, eu sou", como diria Beatriz do Nascimento ao falar sobre território e ser, a partir de elementos ontológicos que nos aproximam da já citada frase-lema da 1ª Marcha das Mulheres Indígenas, em 2019, sobre nosso corpo, nosso território.

> *Várias e várias e várias partes da minha história contam*
> *que eu tenho o direito ao espaço que ocupo na nação.*
> *[...] Meu espaço é meu quilombo.*
> *Onde eu estou, eu estou.*
> *Quando eu estou, eu sou.*[21]

Minha avó materna foi, nesse espaço de favela, no Complexo da Maré, uma história entre tantas outras muito próximas, com características similares que existiram na formação da Nova Holanda – uma das dezesseis favelas do conjunto de favelas da Maré que se constituiu a partir dos processos de remoções arbitrárias de outras favelas do Rio de Janeiro, principalmente as que se

---

21. A. Ratts, *Eu sou atlântica: sobre a trajetória de vida de Beatriz Nascimento*, 2006, p. 59.

situavam na zona Sul da cidade, região reconhecida pelo seu alto valor de especulação imobiliária e domianda pela elite carioca.

Minha avó, Erotides Borges da Silveira, mais conhecida como Tina, a vó Tina, ao sair da cidade de Santa Maria Madalena, na região serrano do estado do Rio de Janeiro, na adolescência e depois de trabalhar como doméstica e viver até a juventude na casa da "madame" (sua patroa), casou-se com meu avô Gilson da Silveira e foi morar no antigo morro do Macedo Sobrinho, no Humaitá, na zona Sul do Rio de Janeiro. Meu avô era pedreiro e a casa deles no morro era uma das poucas casas de alvenaria. Era grande e bastante acolhedora para os seis filhos e com a funcionalidade de ter uma tendinha, uma birosca para que minha avó pudesse trabalhar e cuidar dos filhos em casa.

Por uma fatalidade, meu avô morreu em um acidente ao ser atropelado na ida para o trabalho. Meus tios ainda pequenos, o mais novo com apenas seis meses de vida, precisaram se organizar e administrar a dor da perda, a pobreza e a nova organização familiar que, no momento, só não ficou mais doída pelo apoio dos familiares e amigos-vizinhos que estavam juntos e ajudavam em atitudes que iam desde a distribuição de um alimento até ajudar a tomar conta dos filhos para que minha avó pudesse pegar uma cesta básica na igreja ou conseguir uma faxina na casa das madames.

O governo de Carlos Lacerda no Rio de Janeiro, entre 1960 e 1965, fomentou as remoções das favelas da zona Sul com interesse em uma especulação imobiliária e

Sou/Somos vento 59

territorial que destruiu comunidades e destituiu a população pobre do direito à moradia e à propriedade privada. O morro do Macedo Sobrinho foi parte desse projeto racista de remoção das favelas.

Durante toda a vida, ouvi da minha própria avó dezenas de histórias do sofrimento ao qual mulheres pobres e negras comumente são submetidas nessa sociedade sexista e racista. No entanto, de todas as dores contadas, a que minha avó levou até o fim de sua vida e nunca conseguiu elaborar sem vir às lágrimas, foi a dor da remoção. Minha avó, de acordo com as assistentes sociais do governo da época, foi considerada inadequada para ocupar os apartamentos criados para os favelados removidos, pelo fato de estar muito abaixo da linha da pobreza – viúva e com seis filhos –, por isso precisava ser realocada em um local de caráter provisório com a desculpa de ser um processo de preparação ao viver "civilizado" antes de ir para os conjuntos habitacionais que estavam sendo construídos.

Erotides Borges da Silveira foi *jogada* em um barraco de madeira na comunidade da Nova Holanda, na altura do Bairro de Bonsucesso, próximo à Avenida Brasil. Um espaço distante das oportunidades de trabalho, rodeado por água da maré e palafitas, sem o acolhimento dos amigos e familiares do Macedo Sobrinho e com a dor de perder a lembrança e a memória do seu companheiro de vida depositada na construção da casa. Foi um trauma, uma ferida, coisa de que minha avó falava pouco e, quando falava, não conseguia conter o choro...

60 *Feminismos favelados*

Me lembro de uma vez assistir a um documentário chamado *Remoção* (2013), do diretor Anderson Quack. O documentário falava sobre esse processo, mostrava fotos do Macedo Sobrinho e o depoimento das assistentes sociais da época. Eu, em minha curiosidade e desejo de saber mais da minha história, fui correndo mostrar para a minha avó. Ela sentou comigo no sofá e começou a assistir, depois saiu no meio do filme e me segredou, com os olhos marejados e seu jeito sereno de sempre, que de tudo quanto é sofrimento que ela já teve, esse ela não conseguia esquecer – a experiência de ter sido removida.

Minha avó criou com dignidade os seis filhos. Minha mãe, a terceira filha do casal, Elza da Silveira Jorge, casou-se com um homem que também vinha de uma família removida da antiga Favela do Esqueleto, no bairro Maracanã. Meu pai se chamava Francisco José Jorge e era um homem muito influente na luta por direitos sociais para a Maré, com importância social e cultural no território. Ele foi presidente da escola de samba Gato de Bonsucesso (antigo bloco carnavalesco Mataram meu Gato).

Por ironia do destino, minha mãe também ficou precocemente viúva por conta de uma fatalidade quando meu irmão e eu éramos crianças. Para ajudar na nossa criação, minha avó foi morar conosco na Nova Holanda, em uma rua chamada Carlos Lacerda, uma infeliz coincidência. Fardo dessa memória que minha família precisou relembrar toda vez que escrevia seu logradouro. No entanto, desde 2012, a organização da sociedade civil Redes da Maré, em parceria com as Associações de

Moradores da Maré, iniciou um processo de mudança dos nomes de diversas ruas da comunidade, e uma delas é a minha, que agora se chamará Francisco José Jorge, o nome do meu pai.

Meus laços afetivos vão sendo construídos nesse território de luta, resistência, mas também carregado de muito afeto e coletividade. Orgulho-me de ter um histórico familiar que me estimulou a continuar e a ser uma pessoa produtiva mesmo nas adversidades. Foram esses os referenciais que herdei: uma avó que foi uma mulher doce e generosa, muito forte e amiga, uma mãe ativa e bondosa, um pai atuante politicamente no território com grandes laços de amizade, generoso e de coração humilde, que fez com que todos lembrassem de seu legado com saudade.

Com 14 anos de idade, iniciei minha vida como militante/ativista, atuando em um projeto social chamado Adolescentro. Em seguida, comecei a trabalhar na organização não governamental Instituto Promundo. Percorri muitos caminhos de militância no território da Maré; atuei como coordenadora pedagógica da Casa das Mulheres na Maré e, como havia dito, sou coidealizadora do projeto artístico coletivo Mulheres ao Vento. Toda minha história na Nova Holanda tem início a partir da necessidade resiliente de insistir em continuar vivendo. Há um dito popular que diz que "pobre vive de teimoso" e é exatamente assim que vejo minha trajetória, compreendendo a teimosia da minha avó, da minha mãe e de tantas outras mulheres que tiveram na sua história a tentativa de uma

Feminismos favelados

dignidade arrancada. Nelas, vejo a teimosia e a insistência em ser, viver e seguir disseminando saberes e afetos que formam e formaram gerações.

A Nova Holanda, favela na qual eu nasci e me criei, é historicamente um terreno fértil de mulheres incríveis que foram responsáveis pela continuidade digna da vida e do coletivo e guarda um grande legado de mulheres que se organizaram para a construção de uma comunidade, por meio de muita luta pela garantia dos direitos básicos de sobrevivência.

Saúdo e reverencio essas mulheres que vieram antes de mim com muito afeto e admiração, nas figuras de Maria Amélia, dona Cléia, dona Hilda, dona Josefa e de muitas outras mulheres que se organizaram e se engajaram na luta por direitos, formando o movimento coletivo chamado Grupo de Mulheres, em 1977, na Nova Holanda. Como é possível observar no trecho abaixo:

> *Uma característica que singulariza essa mobilização em Nova Holanda é o fato de ela ser hegemonicamente feminina. As mulheres tiveram um papel fundamental na organização do grupo e, consequentemente, na organização do espaço físico. Desde o primeiro grupo até a conquista da associação de moradores, a presença feminina é uma constante no movimento comunitário.*[22]

22. M. B. Carvalho, *Uma Maré de lutas: memória e mobilização popular na favela Nova Holanda*, 2006, p. 73.

Dando continuidade à potência que a união de mulheres é capaz de ser, o projeto Mulheres ao Vento tem como característica o fato de que todas as participantes são mulheres faveladas e marcadas por histórias próximas à minha e à da minha família, ou seja, gerações com uma característica matriarcal de organização muito presente.

Isso faz com que o ato de se reunir com outras mulheres para produzir conhecimento artístico-corporal seja uma extensão, ou melhor, uma continuidade do que as mulheres faveladas sempre fizeram e fazem: se unem, se organizam, criam coletivamente soluções em benefício da comunidade e, mais que isso, reinventam, a partir de suas dores e mazelas, formas diversas de existência.

Sei bem que o termo favelado/favelada não é um título fácil de se admitir, sobretudo, num cenário de disputa de narrativas que se estabelece a todo momento. Nesse sentido, trazer o termo favelada como algo positivo e como bandeira identitária é um grande desafio. Esse desafio aparece, de alguma forma, na fala de todas as entrevistadas para esta pesquisa, como, por exemplo, a afirmação de Dandara[23] sobre o que acha do termo favelada:

É um pouco pesado. Favelado, favelado... Favelado é uma pessoa...

23. N. da E.: Todas as entrevistadas são integrantes do projeto Mulheres ao Vento e referenciadas pelos nomes fictícios, conforme explicado na apresentação.

Como é que vou explicar o termo? É um termo que já ouvi, não é que não goste, já ouvi. Favelado não é só uma pessoa que mora na favela. Porque já ouvi que favelado é aquele que já chega [entrevistada aumenta o tom da voz neste trecho], *"como é que é?", batendo palma e gritando. Isso é o favelado, não o que mora, o que mora... Posso até usar o termo favelado. Favelado, não. Moro numa comunidade.*

A partir desse relato, Dandara afirma nitidamente achar o termo "pesado". No entanto, também reconhece que "favelado" pode ser usado para designar quem mora na favela. Depois, volta atrás "corrigindo" por comunidade, demonstrando valores distintos entre os termos. Dando continuidade a esse pensamento, o relato de Eva Maria versa sobre o fato de que as pessoas que têm mais problemas com o termo favelado são as pessoas lidas como faveladas de forma negativa pelo senso comum e, então, comenta sobre a complexidade que é desassociar o termo favelada de estereótipos ruins:

Então, teve um dia que estava vindo no ônibus e estava com uma pessoa conhecida aqui da Maré, aí ela começou a gritar no ônibus: "Eu não sou favelada não, porque favelado grita". Eu fiquei olhando assim pra ela. É... Assim... A pessoa tem uma questão de querer se distanciar do termo por uma coisa que elas julgam negativo.

É muito difícil assimilar e utilizar um termo que está, a todo momento, de forma ridicularizada, alimentando o imaginário sobre pessoas que moram na favela e, quase sempre, pelo menos no contexto do Rio de Janeiro, associado a pessoas de pele negra. Ao observar a mídia hegemônica, têm-se vários exemplos de novelas e programas de "humor" que se ancoram no racismo recreativo,[24] produzindo formas caricatas de representação da favela. Nesses contextos, a favela é representada sempre por moradores sem educação, que falam alto, comem de boca aberta, têm atitudes que vão "contra" os padrões sociais de convívio e trato social, falam um português cheio de inadequações gramaticais e estão atrelados aos piores estereótipos que acompanham a população negra.

Chamo atenção para isso, pois esses estereótipos que configuram imagens estáticas de indivíduos de um determinado grupo racial e social foram criados durante anos como uma forma sistemática de oprimir, perpetuar os preconceitos e naturalizar as discriminações oriundas das estruturas hegemônicas de dominação. Os estereótipos e a fetichização de pessoas pobres e, não por acaso, majoritariamente negras, são associados pejorativamente a adjetivos negativos ou essencialistas, que instituem um lugar essencialista do favelado dentro desse imaginário negativo.

Um dos exemplos dessa violência está presente na trajetória de vida e obra da escritora Carolina Maria de Jesus (1914-1977), que foi exaustivamente colocada em

24. A. Moreira, *Racismo recreativo*, 2019.

um lugar de subalternidade, ainda que tenha recebido um "reconhecimento" de sua capacidade de elaborar as subjetividades e traduzi-las em escritas críticas, autorais, subjetivas e carregadas de poética e criatividade. Carolina Maria foi nomeada como uma escritora favelada, cujo trabalho sempre deveria remeter a esse arquétipo, limitando-a a escrever sobre pobreza e miséria, e impedida, assim, de desassociar-se do arquétipo de favelada negativamente construído sobre ela.

Na pesquisa realizada pelos estudiosos Hélio Menezes e Raquel Barreto para a elaboração da exposição sobre Carolina Maria de Jesus, Hélio revela[25] ter encontrado uma carta na qual Carolina de Jesus pedia que "não tivesse de ir de lenço na cabeça" na coletiva de imprensa de um de seus livros, pois, segundo ela, esse era um pedido de seus "editores" para que uma imagem de subalternidade associada à escritora se mantivesse e que sua altivez, como mulher negra e favelada, não fosse um incômodo diante dos "verdadeiros escritores".

Foi tão cruel a intersecção de opressão de gênero, raça, classe e território sobre Carolina de Jesus que, seu segundo livro publicado, chamado *Casa de alvenaria*, de 1961, conta com um prefácio que revela mais uma das tentativas escancaradas de silenciamento e essencialização impostas sobre a sua literatura e o desejo de prendê-la nesse

---

25. Aula de Hélio Menezes sobre a pesquisa realizada a respeito da vida de Carolina Maria de Jesus. Disponível em: <https://www.youtube.com/watch?v=pqumEF9Y6Mo>. Acesso em maio 2022.

Sou/Somos vento 67

estereótipo negativo associado ao termo favelada. Em muitas oportunidades, Carolina de Jesus demonstrou o interesse de continuar escrevendo sobre diversos assuntos e em diferentes estilos literários que não apenas diários, mas também poesias, músicas, romances. No prefácio do livro *Casa de alvenaria*, feito quando ela já não mais morava no seu barraco de madeira na favela, e escrito pelo jornalista e editor Audálio Dantas – o homem que, durante muitos anos, foi considerado o "descobridor do talento de Carolina" por ter sido o responsável pela publicação de seu primeiro livro, *Quarto de despejo* de 1960 –, lê-se:

> *Finalmente, uma palavrinha a Carolina, revolucionária que saiu do monturo e veio para o meio da gente de alvenaria: você contribuiu poderosamente para a gente ver melhor a desarrumação do quarto de despejo. Agora você está na sala de visitas e continua a contribuir com este novo livro, com o qual você pode dar por encerrada a sua missão. Conserve aquela humildade, ou melhor, recupere aquela humildade que você perdeu um pouco – não por sua culpa – no deslumbramento das luzes da cidade. Guarde aquelas "poesias", aquêles "contos" e aquêles "romances" que você escreveu.*[26]

Abertamente, ele pede que ela dê "por encerrada" sua "missão como escritora", que foi "revelar a pobreza", uma

---

26. A. Dantas, "Prefácio", in C. M. de Jesus, *Quarto de despejo: diário de uma favelada*, 1960, p. 10.

vez que isso deixou de ser interessante, pois não se conectava mais com a ideia de submissão, substituída pela palavra "humildade" por Audálio. A escritora Carolina de Jesus poderia "guardar suas poesias, músicas, contos" para si mesma. Por isso, compreendendo a dificuldade de utilização desse termo devido a preconceitos associados à classe e raça, invisto e insisto na missão de assumir politicamente o termo favelada como algo a ser repensado, recriado e capaz de construir novos imaginários sobre a população que vive nas favelas do Brasil. Olhando para sua diversidade cultural, afetiva e de inventividade, e nunca de essencialização.

Continuo teimando em ser e estar nos espaços que me são negados. Lugares que me dizem que não pertenço e que, enquanto favelada – termo esse que me constitui por ser e estar vivendo em uma favela –, sou sem "educação", sem "modos sociais", "malvestida", "maltrapilha", não articulo bem as palavras e que não domino a língua formal. Sigo por teimosia herdada e afirmo meu lugar. A sociedade como um todo é que precisa assumir e reconhecer que nós existimos e que hoje, assim como muitas que vieram antes de mim, as faveladas têm a possibilidade de ocupar lugares nas universidades, nos cursos de pós-graduação, nos cânones literários, nos espaços parlamentares e, ainda que tentem nos silenciar, até mesmo com a morte física, sempre estaremos presentes. Não seremos interrompidas!

Ou nas palavras de Eliane Potiguara:

Sou/Somos vento 69

*Bonito é florir no meio dos ensinamentos impostos
pelo poder.
Bonito é florir no meio do ódio, da inveja, da mentira
ou do lixo da sociedade.
[...] Bonito é renascer todos os dias.
[...] A verdade está chegando à tona, mesmo que nos
arranquem os dentes!
O importante é prosseguir.*[27]

ATRAVESSAMENTO — SER ARTISTA

> *Entra na roda e ginga, ginga
> Se entrou na roda, vai ter que jogar
> Pra se manter de pé, cê vai ter que dançar.*
> (Iza, "Ginga")

Antes de entender como a dança esteve presente em toda
minha vida, já desconfiava ser um ser dançante – a diferença é que não tinha certeza. Não tinha certeza dessa
inquietação que me acompanha desde criança. Uma inquietação corporal que sempre me chamou para o movimento, um movimento ritmado, sincopado, acompanhado muitas vezes apenas de sons internos e, então, em
qualquer lugar e momento, para mim, a dança sempre
foi tal qual a própria vida. E, assim, mesmo envolvida

27. E. Potiguara, *Metade cara, metade máscara*, 2004, p. 79.

em um contexto acadêmico, cursando Serviço Social na Universidade do Estado do Rio de Janeiro (Uerj) e já trabalhando em projetos sociais, sentia um vazio que se unia à necessidade de potencializar as ações coletivas de transformação social nas quais, de alguma forma, já estava inserida pelos projetos sociais em que participava.

Foi nesse momento que ousei fazer um vestibular novamente e, dessa vez, para licenciatura em Dança, na Universidade Federal do Rio de Janeiro (UFRJ). Ao ser aprovada e começar a entender que aquilo estava realmente acontecendo, fui tomando doses diárias de coragem para falar para minha família e amigos de trabalho que estava pensando em mudar um pouco minha forma de atuação profissional e acadêmica. Durante os anos de graduação em Dança, foram muitos os momentos de angústia e de alegria até que conseguisse me encontrar dentro da universidade – que por si só é estruturalmente um espaço forjado para que alunas com meus marcadores identitários se sintam deslocadas e não pertencentes.

A vivência em um curso acadêmico artístico com foco no corpo mudou radicalmente minha percepção sobre mim, sobre meus desejos e me possibilitou desenvolver uma sensibilidade que foi transformadora e ativa. Subjetivamente, fui atravessada por diferentes processos que me permitiram questionar toda minha vida pessoal e profissional. E, então, no quinto período da faculdade de Dança, vivi um momento que considero um dos divisores de águas da minha vida: abandonei definitivamente o curso de Serviço Social, passei a ter um vínculo

Sou/Somos vento 71

extremamente flexível com a instituição social em que trabalhava e só então pude viver um ano totalmente imersa na universidade e participar, por exemplo, de dois projetos de extensão que me recolocaram no mundo.

Fui estudante bolsista na Companhia Folclórica do Rio-UFRJ, e completamente envolvida com todo o conhecimento a que estava tendo acesso, na disciplina de "folclore, festas e folguedos". Pude conhecer e experimentar corporalmente diferentes manifestações artísticas brasileiras. Tanto saber e conhecimento, que nunca tinha acessado, culminaram na realização de um trabalho acadêmico chamado "pesquisa sobre si", uma metodologia de pesquisa sobre a própria vida e história a partir das manifestações culturais praticadas pela própria família. Essa experiência me pôs em contato com as referências culturais da minha ancestralidade de um jeito que nunca havia vivenciado.

Somada à experiência da Companhia Folclórica do Rio-UFRJ, participei do Projeto em Africanidade na Dança Educação (PADE/UFRJ) –, projeto de extensão que tem como finalidade proporcionar essa interação com os saberes de origem africana e afro-brasileira dentro da universidade, principalmente com relação à produção de conhecimento presente nas espiritualidades do Candomblé e dos terreiros de espiritualidades afro-brasileiras, a fim de promover uma discussão sobre racismo religioso e visibilizar epistemologias contra-hegemônicas dentro da universidade pública.

Foi um grande atravessamento a oportunidade de estar no PADE. Eu, que sempre fui leitora e grande fã de boas histórias sobre mitologias e cosmogonias de diversas culturas hegemônicas, tive a chance de me ver representada em diversas histórias da mitologia e cosmogonia africana, com as quais, até então, não tinha tido contato. Eu, que já estava envolvida com discussões de temas sociais, devido ao meu engajamento e meu trabalho, tive no PADE a oportunidade de criar referenciais de luta, de feminismo, de maternidade e de resistência inspirados nas histórias e epistemologias dos orixás.

O curso de licenciatura em Dança redirecionou meu trabalho, minhas referências e me permitiu ter acesso a saberes que hoje constituem a mulher que tenho me tornado. Saber sobre Iansã/Oiá, uma deidade do panteão iorubá responsável pelos ventos, raios e chuva e caracterizada como uma mulher com uma relação não ocidentalizada com sua sexualidade, maternidade, coragem e tudo mais que ela é e representa, foi o mais próximo da representação de força feminina favelada que sempre vi nas mulheres da minha família e vizinhança.

Antes de saber sobre feminismo negro ou sobre feminismo decolonial enquanto teorias legitimadas na academia e na militância, pautava uma luta feminista sem especificidades, na qual não me sentia contemplada e, tampouco, podia enxergar as mulheres que sempre estiveram ao meu redor dentro dessa categoria. Ter tido acesso ao "feminismo" sem essas especificidades, sem trazer exemplos próximos da minha realidade, acabou fortalecendo a dificuldade em me assumir e reconhecer como mulher afro-indígena e até mesmo como uma mulher com

Sou/Somos vento 73

história e realidade próximas da história das mulheres negras ou indígenas da minha família e da minha favela.

A partir da inspiração em Iansã/Oiá, foi possível a criação da performance artística "Ao vento", com minha parceira de curso e amiga Simonne Alves, o que propiciou a construção de modos de desenvolver a temática corporalmente e nos deixou confiantes para expandir essa vivência a outras mulheres. Dessa maneira, em 2016, nasce o projeto Mulheres ao Vento, que começou a tomar forma a partir da metodologia que une ritmos afro-brasileiros a temas sociais, pautando-se nas agendas das mulheres por meio de estudos sobre Iansã/Oiá.

Assim, o atravessamento que me torna professora de dança me insere e escreve neste mundo por um viés de entendimento corporal que precisa todo dia refletir o que sou e o que represento. Isto é, o que meu corpo representa e como as mudanças que nos atravessam reverberam sobre o olhar que temos a respeito do corpo subjetivo feminino, racializado e favelado.

Como educadora, foi crucial essa vivência na universidade. No entanto, é preciso ressaltar que o projeto de extensão é uma atividade acadêmica facultativa, e que, caso eu não tivesse participado e nem tivesse tido acesso a essa temática, tal mudança poderia nunca ter ocorrido ou demorado ainda mais.

Em meu trabalho de conclusão de curso, desenvolvi uma pesquisa com professores de dança licenciados pela UFRJ e concursados em municípios do estado do Rio de Janeiro sobre a implementação das ações propostas pela

74 Feminismos favelados

Lei nº 10.639/03 nas suas aulas. A lei torna obrigatório o ensino de história e cultura afro-brasileira nos estabelecimentos oficiais e particulares de ensino fundamental e médio. A pesquisa teve como principal objetivo atentar para a importância de haver matérias obrigatórias na formação do profissional sobre esses temas, para que a pessoa se sinta segura e apta a desenvolver atividades em torno desses saberes. É muito duro constatar que uma profissional que atuará nos espaços públicos de educação, na dimensão cultural e corporal dos indivíduos, em sua maioria pretos e pardos, não tenha uma vivência mínima nessa temática.

Com tudo que aconteceu comigo, a forma como percebo meu trabalho me ensina que a dança atua como um meio para atingir e tocar as subjetividades, como uma potente ferramenta de leitura dessas expressões culturais. De acordo com Alice Motta,

> *o corpo que dança, sendo uma unidade, é múltiplo. Nele, aspectos materiais (sua fisiologia), mentais (seus processos cognitivos), emocionais (suas vivências e sentimentos) e históricos (sua temporalidade) funcionam em uma simbiose inseparável e atualizada ao longo de sua existência. Cada um desses aspectos é singular, mas se remete a cada um dos outros, sem os quais não poderia ser.*[28]

28. M. A. Motta, *Teoria Fundamentos da Dança: uma abordagem epistemológica à luz da Teoria das Estranhezas*, 2006, p. 90.

Sou/Somos vento 75

Assim como Motta, perceber a importância do corpo como múltiplo na vivência em dança, bem como a possibilidade de se expressar por meio de movimentos e apontar caminhos subjetivos para a construção de autoestima e identidade dos alunos é o que me move enquanto artista. Afinal, olhar para a potencialidade do corpo é fundamental para o entendimento de padrões rígidos e naturalizados na sociedade que exercem papel de doutrinação e dominação, e que resultam nas desigualdades de poder racial, de gênero, de classe, dentre outras.

É preciso uma atuação direcionada para essa problemática das relações de poderes na sociedade, e ampliar as discussões sobre o tema levando em conta, segundo Milton Santos,[29] "três dados de base: a corporeidade, a individualidade e a cidadania; a corporeidade tem valor central porque o corpo é capaz de trazer dados objetivos, ainda que sua interpretação possa ser subjetiva". A atuação dentro de um projeto de dança e expressão corporal artísticas com mulheres da Maré informa essa subjetividade oriunda dos movimentos que contam histórias e produzem elos com histórias já vividas, demonstrando cenicamente a força dessas narrativas. A entrevistada Eva Maria diz sobre a metodologia do projeto Mulheres ao Vento:

A teoria fez eu entender esse corpo dançante e de como esse corpo dançante não é só quando estou, talvez no

29. M. Santos, *O país distorcido*, 2002, p. 159.

palco, é quando estou andando, quando estou fazendo a minha vida. Não era uma teoria de dança. Por isso que faz muito sentido, porque era uma teoria das minhas vivências, dos meus pares, das "minhas pares"; era a teoria que explicava muito da onde que vinha essas dores e esse "banzo" que a gente sente, logo em seguida a gente tinha essa valorização do corpo que fazia a gente ficar mais leve que cessava e até sumia [a sensação das dores]. *E não precisava estar certinho, não precisava ter aquele passo de bailarina, era só estar ali de corpo presente.*

As participantes do projeto relataram a todo momento como a inserção na "dança" ia para além de uma técnica corporal ou algo desse tipo. Elas destacam, sobretudo, o impacto subjetivo provocado pelas aulas, como no relato de Tereza de Benguela:

Descobri o [projeto] *Mulheres ao Vento quando estava no processo de emagrecimento, de depressão e, assim, fui pra dança, só pra dançar mesmo, e ali descobri mulheres com os mesmos problemas que tinha e até mais. Começamos a desenvolver um grupo e vi que não era só uma dança, era um espetáculo maravilhoso, que não só influenciou na dança, mas em outras áreas da minha vida, autoestima mesmo, me abriu um leque.*

Nesse relato, fica visível a relação da dança com a vida e os atravessamentos provocados nas vivências das

Sou/Somos vento 77

participantes do projeto. Pensar na arte e em processos corporais que levam em consideração corporeidades subalternizadas pela colonialidade de forma enunciativa e artística, sem cair nos estereótipos ou clichês sobre danças e manifestações culturais negras e/ou indígenas, é uma ferramenta poderosa de reconhecimento e afirmação de identidade. Poucos são os referenciais de corpos femininos negros e/ou indígenas em lugares de destaque na dança de forma referenciada como produção artística e intelectual valorizada socialmente.

A perversidade da colonialidade de poder nos impediu de assimilar esses referenciais e até mesmo de ter conhecimento das grandes bailarinas negras e indígenas representantes de diferentes práticas corporais artísticas do país, sempre colocando essas mulheres em um lugar de inferioridade, exotização e folclorização de suas danças e produções artísticas em geral. Reservando-as a um lugar cativo de reprodução e nunca de enaltecimento da criação.

Imaginar a arte como possibilidade de um caminho profissional com reconhecimento e visibilidade ainda é algo muito caro para os grupos sistematicamente oprimidos. Mesmo que o país esteja imerso nas práticas culturais e corporais de origem africana, afro-brasileira e ameríndia, ocupar esse espaço como produção de conhecimento e autonomia criativa exige um enfrentamento e uma disputa pelas quebras da cultura dita padrão e clássica (eurocêntrica) nos espaços. Abdias Nascimento, ao falar sobre a música e dança negra, diz que *nas raízes das danças brasileiras, estão os mesmos fundamentos que se encontram na música, nas artes plásticas, no teatro: o acontecimento ritual das religiões afro-brasileiras. [...] a dança dos orixás, as danças temática e dramática de uma coreografia afro-brasileira e de uma dança brasileira tão genuína como a comida dos orixás que presentemente está incorporada ao cardápio brasileiro. Positivamente, se trata de todo um discurso cultural, complexo e global, entranhado e originado numa estrutura de pensamento simbólico e numa estrutura de organização social e familiar, que, vindo da África com os escravos, se constitui numa presença vital que tem sido capaz de impregnar e de impor sua força criativa ao Brasil, em que pesem as barreiras, subestimações, perseguições de toda ordem que os povos africanos e seus descendentes têm suportado por um tempo demasiadamente longo.*[30]

É justamente essa presença vital que durante anos vem exprimindo sua força criativa e que caracteriza o Brasil como um país rico, plural e incessante nas práticas corporais e artísticas. São esses movimentos que fazem com que eu siga insistindo no poder criativo do corpo capaz de produzir caminhos de cura e reinvenção. Sigo como pesquisadora e ativista me aprofundando cada vez mais nos temas que me atravessam e me constroem como artista

---

30. A. Nascimento, *O quilombismo: documentos de uma militância pan-africanista*, 2019, pp. 160-161.

Sou/Somos vento 79

neste mundo, tão quanto a aposta na dança e na sua capacidade de redesenhar subjetividades nas mulheres que participaram do projeto Mulheres ao Vento.

2. PERSONIFICO AFRONTAMENTOS — SOU/SOMOS BÚFALA!

Agora é a preta no comando, no empoderamento
E eu vim logo de bando, vai vendo
Com o afro alaranjado, chegando no talento
Gritando mãos ao alto
E atirando argumento, pow!
Da zona de conforto pra zona de confronto
Vai vendo
Sumemo, me chame de afrontamento!
(Tássia Reis, "Afrontamento")

Maraca, cocares, tambores, turbantes
A Terra tremerá como nunca tremeu antes.
(Katú Mirim, "Aguyjevete")

A marca de ser uma mulher negra no contexto social da diáspora, criada a partir da associação da história das mulheres negras com a do contexto histórico da região convencionada como América, resulta em uma conexão direta entre a vida das mulheres e o tráfico transatlântico de africanos de diferentes nacionalidades, sequestrados pelos europeus no processo de escravização. E essa marca acompanha as mulheres negras em qualquer situação e momento de vida.

A terra é circular...
O sol é um disco!
Onde está a dialética?
No mar. Atlântico-mãe!
Como eles puderam partir daqui para um mundo
desconhecido?
Aí, eu chorei por tê-los odiado.
Chorei por ainda ter mágoa desta História.
Mas chorei fundamentalmente diante da poesia
do encontro do Tejo com o Atlântico, da poesia da
partida para a conquista.
Eles o fizeram por medo também e talvez tenham
chorado distante de todas as belezas além do mar
do Atlântico. Oh, paz infinita pode fazer elos numa
história fragmentada.
África e América e novamente Europa e África.
Angolas, Jagas e os povos do Benin de onde vem
minha mãe.
Eu sou Atlântica.[1]

A mulher negra, essa mulher atlântica, como bem nomeou a historiadora Beatriz do Nascimento, em sua existência repleta de desafios, traz os símbolos de um corpo que vai na contramão do corpo idealizado e hegemonicamente aceito na sociedade, uma vez que essa imagem remete a uma sorte de estereótipos disseminados historicamente sobre os significados de ser uma mulher

---

1. B. Nascimento, *Ôrí*. Direção: Raquel Gerber. 91 min. 1989.

racializada negra. Da mesma forma que a colonialidade segue subjugando corpos de mulheres indígenas neste território que foi expropriado e ferido.

Esses corpos femininos se atrelam ao significado de ser um corpo à margem, que ultrapassa o limite do que é imposto como positivo na sociedade. De acordo com Kiusam Oliveira,

> o corpo negro feminino corresponde a um corpo marginal e atenta para o desprezo social imposto à mulher negra na sociedade brasileira, afirmando, ainda, que o corpo humano é forjado (e neurotizado) de acordo com as características do grupo familiar, da classe social, da religião, da orientação sexual e da cultura de cada indivíduo.[2]

Pensar em padrões de corpos e existência inalcançáveis, de fato, não é algo que atinge apenas o corpo negro feminino, mas todas as pessoas às quais a cultura dominante impõe um padrão. No entanto, é imprescindível ressaltar que para o corpo não branco e principalmente negro e/ou indígena feminino o padrão exigido e imposto é inalcançável, pois tem como referência uma beleza e um modo de ser brancos, com traços fenotípicos eurocêntricos.

Essas imposições atuam de forma coercitiva e estruturante em todas as esferas de socialização durante a vida

---

2. K. R. Oliveira, *Candomblé de Ketu e educação: estratégias para o empoderamento da mulher negra*, 2008, p. 25.

Sou/Somos búfala! 83

dessa mulher, com provas diárias do quanto esses padrões jamais poderão ser alcançados. Aplicada a esses processos, temos a perversidade da institucionalização do racismo estrutural e seus dispositivos, que provocam o desejo de alcançar esse padrão para se sentir aceita em uma sociedade racista – o que resulta na autorrejeição que cotidianamente destrói e/ou enfraquece a autoconfiança e a autoestima da população racializada negra e/ou indígena, nesse caso, de forma mais disseminada, nas meninas e mulheres negras.

> *Se a cultura e sua rede de significações atribuem ao corpo negro um sentido de descrédito e de não existência, é fato que o negro acabará, em algum momento de sua vida, introjetando tais significações. Nesse momento em que sucumbe a essas fortes imposições sociais, inicia-se o terrível processo da autorrejeição, tendo o próprio corpo negro como objeto persecutório – a vergonha – surge como o centro da questão.[3]*

Na contramão desses significados que pré-determinam a forma como mulheres negras se apresentam e se significam em sociedade, estão os processos de resistência e reexistência, que se potencializam e se trasformam em ações de sobrevivência na criação de um legado de representatividade positiva sobre o que é ser mulher negra – e que, na atualidade, tem se tornado cada vez mais conhecido e reconhecido.

3. Ibid., p. 26.

84   *Feminismos favelados*

O histórico da importância das mulheres negras para a construção de uma nação e para a continuidade de todo um povo tem sido, no decorrer dos tempos, protegido e propagado com a finalidade de tornar visível esse legado fundamental para a compreensão das pessoas de país diaspórico. Muitas são as mulheres negras que fazem dos seus corpos fontes de ressignificação das marcas impostas sobre eles. Mulheres que, há anos, se colocam como linha de frente de lutas fundamentais, como a própria sobrevivência.

Esses corpos provocam o que chamo aqui de *afrontamentos*. E o fazem ao se colocarem diante de uma sociedade que os rejeita, viola e mata cotidianamente. Esses corpos que produzem *afrontamentos* me remetem a mais uma imagem caracteristicamente atribuída à Iansã/Oiá, a deidade que é inspiração primordial para o projeto Mulheres ao Vento. Na cultura africana, Iansã/Oiá é sempre lembrada nos seus *itãns*[4] e *orikis*[5] a partir da imagem de um búfalo.

> *Quando o búfalo ruge na floresta*
> *A criança da aldeia corre para a árvore mais próxima*
> *e sobe nela*
> *Quando o búfalo morre na floresta*

4. *Itãn*, palavra iorubá, significa "história, qualquer história; um conto". De acordo com R. C. Póvoas, "são histórias do sistema nagô de consulta às divindades" (R. C. Póvoas, *Itan dos mais velhos: contos*, 2004, p. 25).

5. *Oriki* significa saudar ou louvar. É formada por *ori*, que significa "cabeça" e *ki*, que significa "saudar", "louvar". Pela força da palavra, é dado aos orikis o poder de invocarem a força vital por si próprios. Disponível em: <https://ocandomble.com/2011/04/19/oriki-invocacao/>. Acesso em jun. 2019.

Sou/Somos búfala!

O chefe da casa está escondido nos esteios
Quando o caçador encontra o búfalo
Promete nunca mais caçar novamente.[6]

Assim como o búfalo – concebido na cultura africana iorubá como um grande desafio para um caçador pelo que o seu porte (imagem) representa e que é associado a Iansã/Oiá devido a seus poderes, inclusive de procriação/continuidade da vida –, afirmo o ato de afrontar e personificar afrontamentos como fundamental para a movimentação e transformação da sociedade. Movimentação essa protagonizada pelas mulheres que não estão dentro dos padrões hegemônicos de existência. São elas que constroem novas formas e leituras sobre esses corpos e, assim, contribuem para a garantia da vida e dos direitos de todas as mulheres, principalmente mulheres que diante das estruturas de poder e opressão estão em maior situação de vulnerabilidade.

A imagem do búfalo associada à força e à representação feminina permeia também a mitologia de alguns grupos étnicos originários norte-americanos, com elementos que se aproximam e nos oferecem perspectivas múltiplas acerca dos afrontamentos femininos no mundo. De acordo com a mitologia Lakota, do povo Sioux da América do Norte, a imagem da mulher sagrada (wakan) está também relacionada à presença do búfalo como sinal de prosperidade e exigência de respeito para a continuidade da vida em comunidade. De acordo com a história tradicional contada,

6. J. I. Gleason, *Oya: um louvor a deusa africana*, 2006, p. 203.

num verão, muito tempo atrás, o conselho das sete fogueiras sagradas dos Lakota Sioux se reuniu e acampou. O Sol estava forte e as pessoas morriam de fome, pois não havia caça. Dois jovens saíram para caçar.

Ao longo do caminho, os dois homens encontraram uma bela jovem vestida de branco; ela flutuou enquanto caminhava. Um homem teve desejos ruins (abusivos) pela mulher e tentou tocá-la, mas, ao fazer isso, o homem foi consumido por uma enorme nuvem e se transformou em uma pilha de ossos.

A mulher falou com o segundo rapaz e disse-lhe: "Volte para o seu povo e diga-lhes que eu estou indo encontrar com eles".

Esta mulher sagrada (wakan) trouxe um pacote embrulhado para o povo. Ela desembrulhou o pacote, dando às pessoas um cachimbo sagrado e ensinando-lhes como usá-lo para se conectar com a espiritualidade, dizendo-lhes: "Com este cachimbo sagrado, você caminhará como um espírito vivo", disse ela.

A mulher contou aos Lakota sobre o valor do búfalo, das mulheres e das crianças. E disse às mulheres: "Vocês são da Mãe Terra, o que você tem feito é tão grande quanto o que os guerreiros fazem".[7]

---

7. Lenda do búfalo branco. Centro Cultural Akta Lakota. Tradução livre. Disponível em: <http://aktalakota.stjo.org/site/News2?page=-NewsArticle&id=8862>. Acesso em jan. 2019.

Entender o afrontamento negro como transformação social é também entender a luta e a presença corporal que forjam símbolos de resistência e força das mulheres indígenas – as quais, sob o ponto de vista ontológico e cosmogônico, se aproximam das mulheres descendentes de africanos e africanas atravessadas no Atlântico Negro, sobretudo pela compreensão ancestral de conexão e confluência entre a existência humana com todos os seres da natureza. Essas culturas, quando analisadas do ponto de vista propositivo e de referencial ontológico, podem criar alianças capazes de pôr em xeque as construções individualistas dominantes oriundas das práticas coloniais de expropriação e destruição da humanidade.

Afrontar é propor e lutar pelo bem viver, que tem na relação com a terra, com todos os seres e com a sua comunidade, uma visão ética e de respeito à manutenção da vida como princípio primordial. Ser uma mulher-atlântica é tornar-se também uma mulher de Abya Ayala[8] e construir novos significados para a luta e o resgate de histórias e de sua ancestralidade. É contribuir com caminhos para pensar na luta das mulheres, bem como na conceitualização difundida de *feminismo*, agregando não somente formas plurais de existência, mas também de proposição teórica, metodológica e de reformulação das políticas públicas com base na dissolução das desigualdades.

É preciso lutar pela compreensão da imprescindibilidade de agregar marcadores identitários dentro dos

---

8. Nome indígena para se referir ao continente americano.

estudos feministas que possam dar conta não apenas dos caminhos futuros, mas também conferir visibilidade para as mulheres que moldaram (e seguem moldando) essas teorias visando construir um mundo possível.

FISSURAR ENTRE NÓS É UM JEITO DE OLHAR ALÉM — AS ÁGUAS QUE INFILTRAM OS MUROS, OS CAMINHOS PERCORRIDOS

A análise das lutas de mulheres no decorrer da história, em sua busca por direitos e tensionamentos dos marcadores de gênero, constitui o que se convencionou como luta feminista. Reconheço aqui um campo conceitual e metodológico vasto e plural marcado pela intelectualidade das mulheres negras, mulheres da classe operária, mulheres indígenas, mulheres rurais, mulheres urbanas, mulheres trans, mulheres lésbicas, mulheres do norte e do sul global e todas as possíveis intersecções que excedem as fronteiras do que se convencionou chamar de feminismo.

Sustento, por fim, que o trabalho dessas mulheres, principalmente as mulheres marcadas pela opressão estrutural de raça em cruzamento com outras opressões, tem se configurado como um afrontamento aos modelos de pensamento cis-heteronormativo, branco, racista, LGBTfóbico e euro-norte-centrado. Nesse sentido, olhar a experiência do projeto Mulheres ao Vento a partir da perspectiva de feminismos marcados por atravessamentos identitários oferece ferramentas teóricas e

Sou/Somos búfala! 89

metodológicas pertinentes para pensar uma teoria feminista que não seja excludente.

Infelizmente, muitas pessoas no Brasil não têm acesso à internet, mas no mundo atual, globalizado e com boa parte da população conectada e se relacionando virtualmente, é fomentada a participação dos indivíduos no mundo digital, sobretudo por meio das redes sociais como forma de contato, comunicação e circulação de conteúdos. Por tais motivos, uma significativa parcela da população mundial já ouviu falar do termo *feminismo*.

A partir dos avanços tecnológicos e da produção livre de conteúdos e formas de comunicação, o termo tem se popularizado em diferentes espaços da sociedade, a ponto de, para algumas mulheres, se tornar quase uma espécie de obrigação se posicionar e se nomear como feminista. Digo isso, pois a palavra feminismo tem estado cada vez mais difundida entre a juventude, em letras de música, nas mídias sociais, nos memes, com diversas referências a respeito da luta feminista.

O movimento feminista, em sua origem – oficialmente documentada de acordo com os preceitos coloniais e eurocêntricos de organização epistemológica data mais ou menos o seu início na segunda metade do século XIX, com o movimento advindo da organização de mulheres reivindicando o direito à igualdade e inspirado em diversas lutas libertárias mundiais por cidadania.

Nos Estados Unidos da América, nesse período, fomentou-se a organização de um movimento de mulheres denominado sufrágio, cujos objetivos estavam diretamente ligados aos interesses de mulheres norte-americanas, em sua maioria brancas e de classe média, que denunciavam a exclusão da esfera pública em função do marcador de gênero. Nesse contexto, é importante ressaltar que, mesmo reconhecido como um movimento político feminino branco, o papel e a atuação política e intelectual das mulheres negras na emancipação e na discussão sobre igualdade de gênero nos Estados Unidos foram cruciais e fundamentais.

O feminismo é entendido como uma prática política e um pensamento crítico, um movimento que tem como perspectiva a transformação das relações de gênero e cujo foco de atuação é a luta por liberdade e igualdade para as mulheres. Por isso, trata-se de uma sistematizada e recorrente denúncia do privilégio do "ser homem" e toda a experiência masculina no decorrer da história sobre o "ser mulher" e toda a experiência feminina negligenciada e invisibilizada nesse processo.[9]

No Brasil, afirma-se que o movimento feminista teve seu início "oficial" por volta de 1910, com a fundação do Partido Republicano Feminino, pela professora Leolinda Daltro. Um dos objetivos foi reacender a discussão sobre o voto da mulher no Congresso Nacional, e no ano de 1928, no estado do Rio Grande do Norte, a primeira mulher prefeita foi eleita em todo o continente americano. A prefeita Luíza Alzira Soriano, da cidade de Lajes, era filha de um comerciante rico e influente no cenário político.

9. M. B. Ávila, "Feminismo e sujeito político", *Proposta*, São Paulo, n. 84-85, FASE, ano 29, 2000, p. 6-11.

As pautas e a agenda de luta das feministas brasileiras no início do século xx versavam além do direito ao voto. Além da grande questão da época de ter liberdade para ocupar o espaço público, trabalhar e exercer sua cidadania, a abordagem também era sobre a condição contrária à dominação masculina e a busca por igualdade de direitos entre homens e mulheres. No entanto, a luta feminista, no contexto de países colonizados, possibilita diferentes leituras, como Sueli Carneiro nos revela:

Quando falamos do mito da fragilidade feminina, que justificou historicamente a proteção paternalista dos homens sobre as mulheres, de que mulheres estamos falando? Nós, mulheres negras, fazemos parte de um contingente de mulheres, provavelmente majoritário, que nunca reconheceram em si mesmas esse mito, porque nunca fomos tratadas como frágeis. Fazemos parte de um contingente de mulheres que trabalharam durante séculos como escravas nas lavouras ou nas ruas, como vendedoras, quituteiras, prostitutas... Mulheres que não entenderam nada quando as feministas disseram que as mulheres deveriam ganhar as ruas e trabalhar! Fazemos parte de um contingente de mulheres com identidade de objeto. Ontem, a serviço de frágeis sinhazinhas e de senhores de engenho tarados.[10]

10. S. Carneiro, "Mulheres em movimento", *Estudos Avançados*, n. 17, vol. 49, 2003, p. 2.

A partir da reflexão de Sueli Carneiro, é possível perceber que a luta feminista, dentro de um contexto de colonização, diáspora e escravização, nos põe diante do debate acerca de raça e construções de identidades para discutir e ampliar os significados em torno do tema gênero como categoria analítica, apresentando reflexões urgentes sobre as discussões muitas vezes superficiais de desconstrução dos binarismos em torno da oposição homem-mulher.

Judith Butler, ao criticar o feminismo hegemônico e universalizante, aponta que os pressupostos raciais estão permanentemente "escondidos" por trás do discurso sobre gênero de tal forma que é necessário explicitá-los, uma vez que raça e gênero não devem ser tratados como simples analogias.[11]

Tal reflexão traz à cena discussões que ampliam as percepções acerca das identidades socialmente construídas e as implicações que os marcadores raciais impulsionam nas discussões de gênero. A antropóloga Emma Chirix, em um texto que fala sobre mulheres indígenas da etnia Maya, pesquisou as relações de gênero a partir da observação das disciplinas corporais submetidas nos processos constantes de colonização e opressão, demonstrando a inegável insuficiência do pensamento feminista, visto de modo universalizante e colonial, ao se propor pautas e agendas de luta de mulheres:

11. J. Butler, *Problemas de gênero: feminismo e subversão da identidade*, 2003, p. 19.

Sou/Somos búfala! 93

As mulheres indígenas foram e continuam sendo submetidas às disciplinas corporais, pois atualmente o movimento indígena reluta em revelar a opressão das mulheres indígenas ao argumentar que o conceito de gênero é ocidental, e por outro lado, o movimento feminista (que traz juntas uma maioria Ladinas) insiste em analisar a situação das mulheres indígenas apenas a partir de uma perspectiva de gênero para apoiar as suas reivindicações, sem se preocupar com a experiência racista que as mulheres indígenas vivem diariamente em suas relações pessoais ou de trabalho com várias feministas mestiças.[12]

As discussões em torno de temas raciais são sempre complexas e necessitam de contextualização e elucidação na abordagem, visto que é impossível assumir discursos rasos que não contemplem a multiplicidade das experiências coloniais e seus desdobramentos ao redor do mundo, bem como um entendimento totalmente localizado e assimilado em diversos possíveis espaços-tempos.

Ao utilizar o conceito de raça, me refiro à necessidade de problematizar a forma como as pessoas são socialmente racializadas nas suas práticas sociais cotidianas, reiterando, porém, que o conceito de raça, tal como empregado hoje, nada tem de biológico. É, na verdade, um conceito carregado de ideologia, pois – como toda

---

12. E. Chirix, *Cuerpos, poderes y políticas: mujeres mayas en un internado católico*, 2013, pp. 18-19.

ideologia – esconde algo não proclamado: a relação de poder e dominação.[13]

A raça deve ser encarada como uma construção política e social, como parte de um discurso apoiado nas relações desiguais de poder, exploração e dominação que alimentam e disseminam o racismo – conceito esse que deve ser definido como um fenômeno que antecede sua própria definição.

Quando utilizo o conceito de identidade pensando na concepção supracitada de raça, trago o pensamento de Stuart Hall, que compreende a identidade como um lugar que se assume em uma costura de posição e contexto, e não uma essência ou substância a ser examinada.[14] Essa visão corrobora com o pensamento de Munanga mencionado anteriormente de que a construção da identidade nasce a partir da tomada de consciência das diferenças existentes entre "nós" e os "outros", compreendendo que o grau dessa consciência não é idêntico entre todos os negros, assim como não é idêntico entre todos os indígenas, uma vez que existem contextos socioculturais diferenciados.

O contexto social, cultural e histórico propicia a criação de identidades nos indivíduos e molda a forma como são vistos e inseridos socialmente no mundo e, a partir da análise de mulheres como Sueli Carneiro e Emma Chirix, é necessário pensar uma identidade de mulher negra e indígena constituída como sujeita histórica e política.

13. N. L. Gomes; K. Munanga, *O negro no Brasil de hoje*, 2006, p. 27.
14. S. Hall, *Da diáspora: identidades e mediações culturais*, 2009, p. 15.

Sou/Somos búfala! 95

MULHERES DIVERSAS, LUTAS DIVERSAS, PERSPECTIVAS DIVERSAS — FEMINISMO PLURAL

Por que pensar em diferentes feminismos? E quais as contribuições que as discussões presentes no movimento feminista negro e decolonial tiveram e têm para o projeto Mulheres ao Vento e para a construção deste livro?

Uma das principais formas de obter respostas para essas perguntas é fazer o exercício de analisar os lugares sociais que as mulheres ocupam na sociedade e perceber a diferença entre os papéis de mulheres brancas e mulheres não brancas nos mais diferentes setores sociais e, principalmente, nos papéis de produção dentro dessa sociedade. As maiores espécies de porta-vozes, dentro de um pensamento padrão, do que é considerado como um reconhecido pensamento feminista são as mulheres brancas, de classes média e alta, que muitas vezes fazem parte das elites sociais que durante anos estão a frente do controle dos meios de produção. São elas que estão reivindicando as agendas feministas a partir de suas demandas.

Mas e as mulheres pobres, faveladas, periféricas, rurais, campesinas, de baixa escolarização, de países ditos subdesenvolvidos e de terceiro mundo? Quem é que fala sobre as demandas dessas mulheres, sobre a vivência dessas mulheres? E o mais importante: em quais espaços essas reivindicações estão sendo faladas? Será que são as mesmas reivindicações? Será que essas demandas ocupam os mesmos espaços de importância e atenção na sociedade?

Sei bem que as reivindicações não são as mesmas, tampouco são os mesmos os espaços em que essas reivindicações são feitas, principalmente para as mulheres que estão todos os dias dando conta das próprias dores produzidas pelos CIS-temas de opressão de classe, que segregam e põem a todo momento a mulher pobre, majoritariamente racializada como não branca, no lugar que, durante séculos, tem sido naturalizado como seu lugar: um lugar de subalternidade e inferioridade.

Se para as mulheres brancas de classes alta e média, que se afirmam feministas, a luta por ocupação em espaços de poder no trabalho é uma pauta de luta natural e imprescindível, para as mulheres não brancas e pobres, que ainda são maioria nos empregos precarizados, por exemplo, a pauta ainda gira em torno de ter condições mínimas para garantia de direitos trabalhistas, pelo cumprimento do horário máximo de trabalho e valor mínimo pago, regulamentação de direitos básicos para subsistência. Além disso, há ainda a necessidade de ressignificar os olhares e discursos prontos sobre profissões como doméstica, babá ou faxineira, nas quais a maioria das mulheres negras e indígenas está trabalhando, apresentando um retrato cruel dos resquícios do período escravocrata no Brasil e em todo continente *amefricano*[15] de maneira geral.

A jovem cantora e ativista negra Bia Ferreira em sua música "De dentro do AP" traz exemplos das diferentes

---

15. Neologismo criado e conceituado pela intelectual brasileira Lélia Gonzalez para se referir ao continente americano.

experiências vivenciadas por mulheres brancas e de classes econômicas altas em relação à experiência vivida por mulheres negras e mulheres pobres, ainda que estejam lutando pelos direitos das mulheres e se considerem feministas.

De dentro do apê
Com ar-condicionado, macbook, você vai dizer
Que é de esquerda, feminista, defende as muié
Posta lá que é vadia que pode chamar de puta
Sua fala não condiz com a sua conduta
Vai pro rolê com o carro que ganhou do pai
Pra você vê, não sabe o que é trabai
E quer ir lá dizer
Que entende sobre a luta de classe
Eu só sugiro que cê se abaixe

Porque meu tiro certo, vai chegar direto
Na sua hipocrisia
O papo é reto, eu vou te perguntar
Cê me responde se cê aguentar, guria
Quantas vezes você correu atrás de um busão
Pra não perder a entrevista
Chegou lá e ouviu um
Não insista
A vaga já foi preenchida viu
Você não se encaixa no nosso perfil

Quantas vezes você saiu do seu apartamento
E chegou no térreo com um prato de alimento
Pra tia que tava trampando no sinal

Pra sustentar os quatro filhos que já tá passando mal
de fome?
Quantas vezes cê parou pra perguntar o nome
E pra falar sobre seu ativismo?

Quando foi que cê pisou na minha quebrada, pra
falar sobre o seu

Fe-mi-nis-mo?
Sempre deixando pra amanhã
Deixando pra amanhã
A miliano que cês tão queimando sutiã
E nós? As muié preta, nós só serve pra vocês mamar
na teta
Ama de leite dos brancos
Sua vó não hesitou, quando mandou a minha lá pro
tronco.[16]

A letra cita variados exemplos que demonstram que a diferença de raça, associada à diferença de classe, se torna um componente de opressão estrutural na construção e na história do Brasil. Ainda que sejam todas mulheres,

---

16. B. Ferreira. "De dentro do AP", *Igreja lesbiteriana, um chamado*, 2019, (4:46 min), faixa 3.

Sou/Somos búfala!

com exemplos cotidianos e contemporâneos, é possível ilustrar que as pautas e as agendas de luta das mulheres não poderão nunca partir de um lugar unificado que não tome esses marcadores sociais como formas distintas de oprimir. Uma das entrevistadas do projeto Mulheres ao Vento, Dandara, ao ser perguntada se já ouviu falar sobre feminismo, respondeu que:

> *Já ouvi falar no feminismo. Já. E eu não entendi direito o que significa, as mulheres mesmo falam que o feminismo é a luta das mulheres contra os homens, eu não acho. No meu ponto de vista, não vejo assim. Vejo que o feminismo é o tipo de uma luta, uma voz que as mulheres estão tendo agora pra poder gritar o que elas querem.*

Em seguida, Dandara responde se há diferença entre a luta das mulheres negras e a das mulheres brancas:

> *A necessidade é a mesma. É a mesma, tipo assim, a mulher negra ela luta pelo racismo também, porque sofre muito essas coisas. A mulher branca, vamos botar assim, é mais pela questão da independência. E a luta das mulheres negras é diferente porque ela está lutando contra o racismo também, tá lutando contra muita coisa.*
>
> *Independência da nossa cor. Vamos dizer que a luta das mulheres brancas é mais esteticamente falando. Estética que eu falo, não é estética de corpo,*

*é uma coisa superficial não é aquela luta no fundo
"vamos brigar por isso, ou por aquilo" não. A mulher
negra já tem, na verdade a negra em si, luta por uma
vitória na verdade, que a gente não tem.*

*Muitas vagas de emprego de pessoas que estuda
anos não são dadas para as pessoas negras, são dadas
para as pessoas mais claras, não são dadas para pessoas da nossa cor. Advogadas negras são muito poucas,
vamos botar assim, aí você vai numa firma de limpeza,
na faxina você vê mais a pessoa negra. Poxa! Tem pessoa que tá na faxina, mas acabou seus estudos, tem
um curso bom, você tá me entendendo?* [grifos meus]

Com os relatos de Dandara, é possível perceber que
as contradições de um discurso tido como universal e
pluralizado a respeito do feminismo, em um primeiro
momento, parece trazer a dimensão de igualdade de condições pelo fato de serem todas mulheres, exemplificado
inclusive em sua afirmação de que "as necessidades são
as mesmas presentes nas lutas femininas". Porém ao seguir falando sobre a luta das mulheres, ela discorre sobre
uma série de diferenças em que a raça se põe como fundamental para que essa mulher seja mais oprimida e des-
favorecida na sociedade. Nos grifos feitos por mim em
sua fala, têm-se exemplos de como as lutas se diferenciam a partir das experiências cotidianas, do simples fato
de ser uma mulher de pele escura, uma mulher negra.

Algumas feministas consideram que os feminismos
negros se diferenciam pelo método, partindo de uma

Sou/Somos búfala! 101

realidade distinta do feminismo dito hegemônico. Por esse motivo, precisam de uma estratégia diferente, para entender as realidades pautadas nas reivindicações das mulheres negras ou das mulheres pobres. Os feminismos negros partem desse lugar de subalternidade no qual a mulher negra foi inserida, que é o lugar das experiências marcadas pelo trabalho precarizado, pelo racismo, pela desumanização, ou seja: pelos resquícios da colonialidade que ainda estão muito latentes.

O mesmo processo de ressignificação do conceito hegemônico de feminismo é observado nos feminismos decoloniais, difundidos principalmente entre mulheres da América Latina. Tendo a crítica à colonialidade de poder como principal pressuposto de luta, reivindicam a identidade indígena como marcador fundamental, tal como o movimento do feminismo comunitário de Abya Ayala – cuja premissa de resgate ancestral indígena é uma crítica, inclusive, ao entendimento universal sobre o patriarcado e as relações de poder dicotômicas entre homens e mulheres, como estratégia de aproximar as discussões em torno do ser mulher e ampliando o debate da opressão de gênero e sexualidade em seus múltiplos contextos culturais e sociais.

Um exemplo que marca a importância de pontuar especificidades identitárias nas lutas feministas hegemônicas, e que é uma das bandeiras mais importantes do movimento feminista no Brasil, está ligado ao corpo da mulher, explicitado pela campanha "meu corpo, minhas regras", que na época alcançou certa visibilidade nos setores mais progressistas e algum apoio midiático, trazendo apelos extremamente relevantes na cultura machista moldada pelo patriarcado.

No entanto, o processo de construção da identidade do corpo negro no Brasil apresenta marcadores sensíveis e específicos. Os processos contínuos de objetificação e desumanização baseados nos fenótipos deste corpo negro nos obrigam a ter uma luta muito anterior à reivindicação proposta pelo lema "meu corpo, minhas regras", uma vez que nós, mulheres negras e indígenas, ainda estamos literalmente lutando para ter nossa humanidade reconhecida. Assim como por nossa vida e sobrevivência diária contra o extermínio da população negra, pobre e favelada nos centros urbanos, nas aldeias indígenas, nos espaços rurais e de disputa de terra. Somos perseguidas por destruidores e expropriadores do mundo. São violências sistêmicas e muitas vezes chanceladas pelo Estado e naturalizadas pela sociedade.

Claudia Silva! Presente![17]

Refletindo a respeito da necessidade de ter que reivindicar a condição de humanidade, durante a entrevista,

---

17. Referência a Claudia Silva Ferreira, vítima de uma operação da Polícia Militar do Estado do Rio de Janeiro em 16 de março de 2014 no Morro da Congonha, zona Norte do Rio. Claudia foi baleada enquanto ia comprar comida para os filhos. Os policiais a colocaram dentro do porta-malas da viatura – supostamente alegando estarem prestando socorro – quando, durante o trajeto, caiu, ficando presa à viatura pela roupa. Seu corpo, então, foi arrastado por mais de 300 metros. Tudo foi filmado por um cinegrafista anônimo.

Sou/Somos búfala! 103

Eva Maria, ao ser questionada sobre feminismo, sobre a diferença entre a luta de mulheres brancas e negras e sobre direitos iguais, relatou o seguinte:

Ontem estava vendo uma reportagem de uma mãe que estava falando que perdeu o filho, uma mãe preta, reclamando que o policial militar atirou no filho e a polícia militar estava alegando que foi "bala perdida" na cabeça. Aí a mãe estava mostrando a carteira de trabalho e o boné do garoto pra dizer que, se fosse uma bala perdida, o boné tinha que ter um furo e a fala da mulher era que no dia que teve aquele homicídio dos meninos de Costa Barros com 111 tiros, "eu não deixei o meu filho ir com eles, meu filho sobreviveu e ele poderia ser uma das vítimas daquele massacre e agora meu filho morreu do mesmo jeito. A única coisa que eu quero é provar a inocência do meu filho, ele não era bandido".

E eu fico: gente, a gente morre o tempo todo, morre enquanto... <u>A gente morre o nosso corpo, né?</u> Matam o nosso corpo diariamente retirando os nossos direitos e depois quando a gente morre ainda querem matar a nossa memória, nos colocar num lugar marginalizado sabe? "Podia morrer, esse corpo pode morrer".

Acho que isso é um dos principais problemas que a mulher negra enfrenta e a mulher branca está querendo salário igual (aos homens), que elas consigam, amém. Eu só quero ter o direito de sair pra trabalhar, tá bom!

O relato de Eva Maria corrobora com todo o texto já mencionado sobre uma perspectiva de entendimento do corpo negro como um corpo digno de humanidade. A frase grifada por mim – "A gente morre o nosso corpo, né?" – remete a uma dimensão de dor tamanha que ilustra a concepção de morte a partir de uma diferença e de uma profundidade outra "do ato de morrer". Toda morte, entendida aqui como perda da vida, é uma morte do corpo.

No entanto, afirmar que "a gente [mulheres negras e faveladas] *morre* o nosso corpo" diz respeito a uma morte maior. Uma morte do corpo em diferentes níveis, principalmente, a morte da condição de humanidade, de sua subjetividade e que, por isso, a morte física para corpos não brancos foi e continua sendo naturalizada no senso comum.

Mesmo que essas mortes tenham fins cada vez mais cruéis, como as inúmeras "balas perdidas" que são sempre certeiras na população negra e favelada, os inúmeros assassinatos de indígenas "mata adentro" que não ocupam nem mesmo as páginas de notícia ou o não inédito desamparo observado nos números agonizantes de mortos majoritariamente negros e indígenas durante a pandemia de Covid-19.

Por esses motivos, considero ser importante sempre fazer o exercício de pensar criticamente as campanhas que almejam ser essencialistas ao tratar a luta das mulheres como algo unificado e sem especificidades, como o caso citado do slogan "meu corpo, minhas regras", que pretende ser para a luta das mulheres uma conscientização sobre o controle e a autonomia dos seus próprios corpos. Algo totalmente legítimo, porém, no mesmo contexto em que esse slogan se faz necessário, ainda estamos lutando contra a existência de helicópteros e carros blindados, os caveirões da polícia do Rio de Janeiro que disparam tiros de fuzil em plena luz do dia sobre corpos de pessoas que moram nas favelas; sobre crianças, mulheres, homens, idosos. São corpos que cotidianamente se veem marcados pelo medo e por não entender essas "regras" impostas legalmente pelo Estado sobre sua existênca.

Trago essas informações neste livro não apenas para atentar para a crueldade dessas ações como algo desassociado, mas como algo que faz parte do cotidiano em meio a qual esta escrita foi acontecendo – dentro do território favelado compreendido como Complexo da Maré. São páginas e mais páginas escritas ao som de tiros, forjadas em muitos momentos com sentimento de medo e desesperança, relatos de morte, de fome e desamparo diante da crise de saúde gerada pela pandemia da Covid-19. Estes são escritos, falas e escutas que se unem a partir de um ponto comum: a marca de ser uma mulher não branca e favelada no Rio de Janeiro nesses tempos. E me sinto impelida a resistir e a seguir acreditando, como a escritora moçambicana Paulina Chiziane me inspira a fazer:

> *Por isso, dou aos meus escritos um caráter de urgência. Várias vezes fui obrigada a abandonar a inspiração [...] Trabalhar numa atmosfera de morte é minha*

*forma de resistir. Ninguém tem o direito de interrom-
per os meus sonhos.*[18]

É preciso ter estratégias específicas para enfrentar essa situação e formular teorias e práticas sobre os feminismos negros e feminismos decoloniais como caminhos fundamentais. As lutas travadas pelas feministas no século passado corroboraram com a melhoria das condições de vida e igualdade de oportunidades entre mulheres e homens, mas também nos apontaram a necessidade de pensar uma agenda sobre direito ao/do próprio corpo de forma intencional para mulheres negras, indígenas e faveladas, já que essa ainda é uma luta muito presente na vida dessas mulheres. A intelectual Patricia Hill Collins traz a importância de as análises serem centradas na mulher negra:

> *A insistência de mulheres negras autodefinirem-se, autoavaliarem-se, e a necessidade de uma análise centrada na mulher negra é significativa por duas razões: em primeiro lugar, definir e valorizar a consciência do próprio ponto de vista autodefinido frente a imagens que promovem uma autodefinição sob a forma de "outro" objetificado é uma forma importante de se resistir à desumanização essencial aos sistemas de dominação.*[19]

18. P. Chiziane, *Eu, mulher... Por uma nova visão do mundo*, 2018, pp. 50-51.
19. S. Bilge; P. H. Collins, *Intersectionality*, 2016, p. 105. [Ed. bras.: *Interseccionalidade*, São Paulo: Boitempo, 2021.]

Sou/Somos búfala! 107

Corroborando com Collins, há uma urgência de resistir à desumanização essencial dos sistemas de dominação. Mulheres não brancas precisam e devem ter acesso a novos referenciais para se autodefinirem, para arrancar essa imagem "de outra, do outro", como proposto por Grada Kilomba, ao introduzir um adendo fundamental ao pensamento da feminista francesa Simone de Beauvoir, que afirma que a mulher (branca) é considerada o "outro" em relação ao homem (na maioria das vezes, também branco) na relação de assimetria de poder de gênero. Kilomba diz:

> *Mulheres brancas têm um oscilante status, enquanto si mesmas e enquanto o "outro" do homem branco, pois são brancas, mas não homens; homens negros exercem a função de oponentes dos homens brancos, por serem possíveis competidores na conquista das mulheres brancas, pois são homens, mas não brancos; mulheres negras, entretanto, não são nem brancas, nem homens, e exercem a função de "outro do outro".*[20]

Visibilizar os processos de resistência e a luta histórica repleta de inventividade e visceralidade das mulheres negras e indígenas é pensar em pluralidade. Então, falar a respeito de feminismos plurais e demarcadamente

---

20. G. Kilomba, "The Mask", in *Plantation Memories: Episodes of Everyday Racism*, 2010, p. 124. [Ed. bras.: *Memórias da plantação: episódios de racismo cotidiano*, Rio de Janeiro: Cobogó, 2019.]

identitários é entender a importância de afirmar essa luta a partir de um lugar diverso.

Nesse sentido, celebro as variadas formas de ser mulher que estão diretamente implicadas na forma como a sociedade e a cultura existentes contribuem na formação dessas identidades, ou seja, no fato de que as múltiplas vivências de mulheres negras e indígenas estão diretamente ligadas às experiências dessas mesmas mulheres, na produção e na validação de seus conhecimentos. Essa forma de pensar surge em mais um relato das entrevistadas, dessa vez no de Tereza de Benguela, ao ser questionada sobre o que é feminismo:

> *é uma força para mulheres, independente das mulheres concordarem com todos os itens ou não, mas tudo está relacionado às mulheres, e se você não se juntar com as mulheres para vencer essas causas, quem vai lutar? Assim, independente se você concorda ou não, você tem que estar ali junto, porque mesmo o que não serve para mim pode servir para outra mulher.*

Nesse trecho, se exemplifica a diversidade de causas que o movimento de luta de mulheres deve abarcar e, principalmente, como todas devemos estar juntas, ainda que a ameaça não esteja direcionada sobre a sua vida de forma mais direta. É muito maior, é uma luta por todas, em busca de uma sociedade cada vez menos assimétrica e que garanta a vida plena para todas as mulheres! Como nos conclama a rapper indígena Katú Mirim, nesta canção:

NATIVA

Nativas, prontas para lutar
Retomando tudo vamos decolonizar
Nativas, prontas para lutar
Retomando tudo vamos decolonizar

Nativa na ativa, nós
Sim, nós temos voz
Selvagem sim, também feroz
E derrubando ele, feito dominó

Fiquem vivas
Muitas narrativas
Prontas para lutar
Juntando forças, vamos decolonizar
Renovando a terra, a água e o ar
Nascemos prontas para lutar
Não estamos a sós[21]

No que se refere aos campos epistemológicos de construção das ideias feministas não brancas, destaco as perspectivas estadunidense, latino-americana e brasileira. Pode-se dizer que o feminismo negro estadunidense se inicia com mais potência no século XX, nas décadas de 1970 e 1980, a partir das produções de intelectuais afro-americanas da época, tais como bell hooks, Patricia Hill Collins, Audre Lorde e Angela Davis.

21. M. Katu, "Nativa", *Nós*, 2020 (4:15 min).

O feminismo negro, com suas demandas específicas que levam em consideração a interseccionalidade dos conceitos de raça, gênero e classe para pensar a experiência de vida das mulheres negras, foi demonstrado em diferentes momentos desde o início da luta feminista reconhecida pelo protagonismo das mulheres brancas norte-americanas.

O potente e importante discurso "E eu não sou uma mulher?", proferido no Women's Convention, em Ohio, nos Estados Unidos, no dia 29 de maio de 1857, por Sojourner Truth (1797-1883), uma mulher negra que se tornou um símbolo da luta antiescravidão após conquistar sua liberdade em 1827, questionava a diferença abissal marcada pela experiência de ser uma mulher negra e ser uma mulher branca em uma sociedade estruturalmente racista e escravocrata. Esse é mais um nítido exemplo da necessidade de pensar a sociedade de forma interseccional a partir da própria existência, contribuindo fortemente para uma transformação social em geral.

O discurso de Truth foi crucial para o movimento sufragista pelo fato de confrontar o sexismo, colocando-se em pé de igualdade diante de homens, e por confrontar o racismo, surpreendendo, inclusive, as mulheres brancas, ao explicitar que nem todas as mulheres partem de um lugar de igualdade na sociedade. O discurso e a atitude empregados por Sojourner Truth, bem como os discursos e as atitudes de outras mulheres negras da época, foram de extrema importância para o movimento sufragista norte-americano.

Sou/Somos búfala!

Outra fala importante foi a de Julieta Paredes, no WOW Festival Mulheres do Mundo, que aconteceu no Brasil em 2020,[22] ao propor o feminismo comunitário como dispositivo para conferir visibilidade a mulheres indígenas de todo Abya Ayala que, por meio de seus discursos e processos de resistência indissociáveis dos avanços conquistados pelas mulheres em uma sociedade de patriarcado colonial, sempre estiveram à frente na luta por direitos das mulheres em suas comunidades como uma possibilidade de fissura dentro das teorias feministas.

Destaco, aqui, a figura de Dolores Cacuango, mulher indígena Quechua, equatoriana. Sua existência é referência de um pensamento interseccional dentro do feminismo, que deve prezar pelo reconhecimento dos direitos humanos, com foco na população indígena e campesina, da implicação e participação nas discussões políticas e crítica ao capitalismo e do pertencimento da Terra como fundamental para a manutenção da existência. A partir de uma dimensão ontológica e filosófica da vida coletiva, advinda de sua prática comunitária para rasurar a colonialidade de poder, Cacuango diz: "Somos como grãos de quinoa: se estamos sozinhos, o vento nos leva; mas se estamos unidos em um saco, o vento nada faz. O saco oscila, mas não vai nos fazer cair".[23]

---

22. Disponível em: <https://www.youtube.com/watch?v=yNvo2Bry X7M>. Acesso em maio 2022.

23. Disponível em: <https://mujeresbacanas.com/dolores-cacuango-1881-1971/>. Acesso em maio 2022.

É importante lembrar que o feminismo enquanto conceito hegemônico não surgiu a partir do movimento das mulheres que, de fato, foram e são as mais vitimizadas na sociedade – ou seja, as que sofreram com a escravidão, com a exploração de seus territórios, com a colonialidade e seus reflexos e que sofrem com o racismo estrutural até os dias de hoje. Esse feminismo que é assumido enquanto conceito hegemônico emerge das experiências de mulheres que questionaram a diferença na sociedade baseada especificamente na compreensão de sexo e gênero, construída socialmente como determinante de seus lugares socioculturais, suas posições e, por consequência, suas ambições e desejos nesta sociedade. Esse movimento nasce majoritariamente de mulheres brancas de classes média e alta, e são justamente essas mulheres que dominam e formulam a teoria feminista globalmente disseminada e assimilada a partir das suas próprias vivências, reflexões e crítica social. Em seu texto "Mulheres negras: moldando a teoria feminista", bell hooks afirma que

> as mulheres brancas que dominam o discurso feminista – as quais, na maior parte, fazem e formulam a teoria feminista – têm pouca ou nenhuma compreensão da supremacia branca como estratégia, do impacto psicológico da classe, de sua condição política dentro de um Estado racista, sexista e capitalista.[24]

---

24. b. hooks, "Mulheres negras: moldando a teoria feminista", *Feminismo e antirracismo, Revista Brasileira de Ciência Política*, n. 16, jan.-abr.,

Constatando o distanciamento de intenções de transformação social a partir da experiência de ser mulher, de acordo com hooks, a condição de "ser oprimida" significa estar diante de uma ausência sistemática de opções. Portanto, pensar no termo opressão dentro do movimento feminista hegemônico parece inadequado, uma vez reconhecendo que em uma sociedade dividida por classes sociais e estruturalmente racista, a ausência de opções sempre estará intrinsecamente ligada ao grupo social marcado pelo encruzilhar dessas opressões, como raça, classe, território e gênero; enquanto o feminismo hegemônico permanece privilegiado ao reivindicar "apenas" a categoria gênero; por estar em lugar de maior privilégio nas categorias de classe e raça e, com isso, obter "opções" dentro da sociedade. Como coloca hooks:

> *As análises feministas sobre a sina da mulher tendem a se concentrar exclusivamente no gênero e não proporcionam uma base sólida sobre a qual construir a teoria feminista. Elas remetem a tendência predominante nas mentes patriarcais ocidentais, a mistificar a realidade da mulher, insistindo em que o gênero é o único determinante do destino da mulher.*[25]

2015, p. 196. Disponível em: <https://periodicos.unb.br/index.php/rbcp/issue/view/146.> Acesso em mar. 2023.
25. Ibid., p. 207.

Não é por acaso que a luta feminista foi cooptada tão facilmente para servir aos interesses das liberais e conservadoras, já que o feminismo nos Estados Unidos tem sido, até agora, uma ideologia burguesa.[26] A filósofa, feminista branca e estadunidense, Nancy Fraser, produziu uma crítica sobre o próprio movimento feminista em seu artigo "Como o feminismo se tornou a empregada do capitalismo – e como resgatá-lo".[27] Neste artigo, a autora afirma que o feminismo foi um movimento que começou como uma crítica da exploração capitalista e terminou contribuindo para ideias-chave de sua mais recente fase neoliberal. Em seu livro *Feminismo para os 99%: um manifesto*, escrito coletivamente em parceria com outras feministas, ela apresenta reflexões pertinentes para a crítica do movimento feminista hegemônico e a compreensão das pautas identitárias:

> *As reivindicações feitas por parte dos movimentos feministas para que as mulheres sejam líderes em grandes empresas seriam um exemplo do que Fraser chama de neoliberalismo progressista, uma vez que a quebra do teto de vidro não questiona a estrutura do capitalismo e perpetua a exploração de mulheres mais pobres, especialmente as mulheres não brancas.*

26. Ibid., p. 201.
27. Disponível em: <https://mt.cut.org.br/artigos/como-o-feminismo-se-tornou-a-empregada-do-capitalismo-e-como-resgata-lo-949a>. Acesso em maio 2022.

*Outro ponto tratado pelo manifesto diz respeito
ao combate à dicotomia entre políticas identitárias e
luta de classes. O feminismo liberal, ao separar essas
duas noções, acaba se tornando mais uma vez conver-
gente com o capitalismo e, consequentemente, com
a opressão das mulheres, especialmente as mulheres
não brancas. As autoras defendem que as políticas
identitárias e a luta de classes estão imbricadas, o que
acaba borrando as fronteiras entre público e privado.
Nas palavras das próprias autoras: "a nova onda feminista tem potencial para superar a oposição obstinada
e dissociadora entre 'política identitária e política de
classe'. Desvelando a unidade entre 'local de trabalho'
e 'vida privada', essa onda se recusa a limitar suas lutas a um desses espaços".*[28]

Em contraponto a esse pensamento na luta feminista
hegemônica criticado por Fraser, intelectuais não brancas contra-argumentam que essa crítica "interna" ainda é
insuficiente, uma vez que não reconhece que as mulheres
consideradas subalternas e pertencentes ao sul global já
pautavam uma teoria feminista crítica e interseccional
há muito tempo e seguem invisibilizadas e não referenciadas nas "formulações teóricas" dos movimentos feministas. Denise Silva e Brenna Bhandar, no artigo "A
síndrome 'cansei' da feminista branca: uma resposta a
Nancy Fraser", argumentam que:

---

28. C. Arruzza et al., *Feminismo para os 99%: um manifesto*, 2019, p. 34.

O que à primeira vista parece uma autorreflexão razoável, uma vez que assume o ônus e a responsabilidade pelas alianças do passado e pelas celebrações de manobras estratégicas em nome da melhoria da vida das mulheres; num segundo momento, acaba revelando a miopia inata e repetitiva do feminismo branco em levar em conta, conversar e pensar junto com as feministas negras e terceiro-mundistas.[29]

O feminismo negro e terceiro-mundista, como já mencionado, está intimamente ligado às experiências e vivências das mulheres que ocupam os lugares de subalternidade dentro da sociedade. Os lugares em que as "opções" são praticamente inexistentes. bell hooks continua a refletir sobre isso quando afirma: "Minha consciência da luta feminista foi estimulada pela circunstância social".[30]

São essas mulheres que lidam com a opressão diariamente e com todas as suas formas de enfrentamento. Ainda que não tenham sido "teorizadas" ou pensadas enquanto um conceito, elas fazem parte de um conjunto de ações de resistência que são entendidas e legitimadas há muito tempo entre as mulheres terceiro-mundistas "subalternizadas".

Para essas mulheres, o fato de as mulheres brancas de classes média e alta precisarem de uma teoria para

29. D. Silva; B. Bhandar, *A síndrome 'cansei' da feminista branca: uma resposta a Nancy Fraser*, 2017.
30. b. hooks, op. cit., p. 202.

"informá-las de que eram oprimidas" é apenas mais uma indicação de suas condições de vida privilegiadas. A implicação é que pessoas verdadeiramente oprimidas sabem disso, mesmo se não estiverem envolvidas em resistência organizada ou não conseguirem formular por escrito a natureza de sua opressão.[31]

A interseccionalidade das opressões e a ausência estrutural de opções ficam também explicitadas nas reivindicações feitas pelas mulheres indígenas brasileiras, que culminaram na 1ª Marcha de 2019, em Brasília:

> *Reafirmamos nosso compromisso de fortalecer as alianças com mulheres de todos os setores da sociedade no Brasil e no mundo, do campo e da cidade, da floresta e das águas, que também são atacadas em seus direitos e formas de existência.*
>
> *Temos a responsabilidade de plantar, transmitir, transcender e compartilhar nossos conhecimentos, assim como fizeram nossas ancestrais, e todos os que nos antecederam, contribuindo para que fortaleçamos, juntas e em pé de igualdade com os homens, que por nós foram gerados, nosso poder de luta, de decisão, de representação, e de cuidado para com nossos territórios. Somos responsáveis pela fecundação e pela manutenção de nosso solo sagrado. Seremos sempre guerreiras em defesa da existência de nossos povos e da Mãe Terra.[32]*

31. Ibid., p. 203.
32. Documento final da Marcha das Mulheres Indígenas: "Território:

A autora Patricia Hill Collins[33] descreve que nas vivências das mulheres negras há conceitos centrais sobre pensar o mundo a partir do ponto de vista dessas mulheres que precisam ser identificados, trazendo epistemologias contra-hegemônicas fundamentais para o entendimento de sociedade. Collins elenca aspectos que demonstram uma tradição de ações "feministas" ao longo da vida das mulheres negras, que eu acredito dialogar com a experiência das mulheres indígenas em Abya Ayala, baseando-se em cinco pontos fundamentais: i) um histórico de lutas e lideranças que foi e continua sendo fundamental na construção política e histórica; ii) uma luta de enfrentamento aos estereótipos; iii) a vivência e a resistência a partir da interseccionalidade entre as opressões de gênero, raça e classe; iv) a atuação a partir de uma experiência de protagonismo da própria vida, como mãe, líder comunitária; e v) e a política sexual e o pensamento a respeito da sexualidade.

Em um entendimento em consonância com os pensamentos dos feminismos decoloniais, a autora Patricia Hill Collins diz que todos os grupos oprimidos possuem espaços seguros onde podem se expressar e garantir sua existência, fugindo do controle da ideologia dominante. No caso das mulheres negras, a cultura e as organizações

---

nosso corpo, nosso espírito". 2019. Disponível em: <https://trabalhoindigenista.org.br/documento-final-marcha-das-mulheres-indigenas--territorio-nosso-corpo-nosso-espirito/>. Acesso em set. 2019.

33. P. H. Collins; S. Bilge, op. cit.

– políticas, religiosas, civis, formais e informais – são exemplos de lugares seguros. Esses espaços seguros, devido à troca, ao acolhimento e ao amparo que as pessoas encontram, permitem que os grupos oprimidos passem a se identificar e a retratar a si mesmos, impedindo uma definição sobre si que venha do outro.

A luta feminista hegemônica que produz teoria e ocupa os lugares "de poder socialmente consolidados" precisa urgentemente envolver as interpretações teóricas da realidade de mulheres negras e indígenas, não apenas como "objeto" de estudo, mas como produtoras de conhecimento legitimado e sujeitas das suas próprias histórias. Partindo desse mesmo lugar, o feminismo decolonial se encontra a partir da necessidade vital de ser um pensamento crítico à colonialidade de poder e, de acordo com a autora latino-americana Ochy Curiel,[34] o conceito de descolonização se refere a processos de independência de povos que foram colonizados. Assim, para a autora, a descolonização é um conceito amplo que "se refere a processos de independência de povos e territórios que haviam sido submetidos à dominação colonial política, econômica, social e cultural".[35]

Apenas a partir de um pensamento decolonial é possível pensar em um movimento feminista que represente

---

34. O. Curiel, "Identidades esencialistas o construcción de identidades políticas: el dilema de las feministas negras", *Otras Miradas, Grupo de Investigación de Género y Sexualidad – GIGESEX*, Vol. 2, n. 2, 2002.

35. O. Curiel, "Los aportes de las afrodescendientes a la teoría y la práctica feminista. Desuniversalizando el sujeto 'Mujeres'", *Perfiles del Feminismo Iberoamericano*, vol. III, 2007, p. 2.

as mulheres nas suas plenas diversidades, ratificando que o movimento feminista hegemônico foi criado com objetivos muito centrados em um determinado período histórico, por uma determinada população e com agendas muito específicas, diferente dos movimentos e movidas das mulheres indígenas, latinas e com uma aposta no feminismo decolonial. A autora Georgina Mendez-Torres afirma que,

> *Em muitas das reuniões de mulheres e povos, temos discutido sobre a necessidade de liderar e assumir nossa caminhada, desde nós mesmas, ou seja, a partir de nossos olhares, como mulheres, como povos, que assumem o comando do nosso destino para buscar o saber em profundidade através do conhecimento vindo dos nossos povos [...] Mulheres indígenas têm se constituído como protagonistas na história dos movimentos indígenas recentes. Em diferentes partes da América Latina as Mulheres indígenas estão questionando e recriando suas identidades, suas funções dentro de suas organizações, enquanto desafiam os estereótipos atribuídos a elas, sejam eles de sua própria cultura ou da cultura não indígena (colonial), suas lealdades individuais e coletivas. Elas questionam um projeto de nação que seja apoiado pela desigualdade e exploração, marginalização e racismo.*[36]

36. G. Mendez-Torres, "Mujeres Mayas-Kichwas en la apuesta por la descolonización de los pensamientos y corazones", *Senti-pensar el género: perspectivas desde los pueblos originarios*, 2013, pp. 29-30.

Sem um pensamento decolonial, por exemplo, é impossível incluir a gama de lutas e resistências travadas contra a sociedade patriarcal pelas mais diversas mulheres e de vários lugares do mundo. O colonialismo fez com que as formas de saber, produção de conhecimento, lutas, vitórias e produções conceituais fossem referenciadas a mulheres apenas dos países colonizadores. Como nos lembra Curiel:

> *Embora como conceito o feminismo nasce na primeira onda neste contexto como uma proposta que sintetiza as lutas das mulheres em um lugar e em um tempo específico, se entendemos o feminismo como toda luta de mulheres que se opõem ao patriarcado, teríamos que construir sua genealogia considerando a história de muitas mulheres em muitos lugares-tempos. Esse é para mim um dos principais gestos éticos e políticos da descolonização no feminismo: pegar histórias diferentes, pouco ou quase nunca contadas.* [37]

O pensamento decolonial é um marcador muito estruturante para o pensamento feminista latino-americano que, inclusive, traz com muita representatividade as referências das mulheres indígenas, visibilizando os saberes e o histórico de luta dessas mulheres. As autoras

---

37. O. Curiel, "Descolonizando el Feminismo: Una perspectiva desde América Latina y el Caribe", Primer Coloquio Latinoamericano sobre Praxis y Pensamiento Feminista, jun. 2009.

feministas latino-americanas/terceiro-mundistas têm concentrado seus esforços no intuito de "contar uma outra história". Uma história que ao longo dos anos tem sido invisibilizada e que não faz parte do "acervo" do histórico de lutas feministas dentro dos pensamentos coloniais, nos espaços de saber "legitimados pela colonialidade". O conceito de descolonização se faz potente, tanto como proposta epistemológica, quanto como política para explicitar e compartilhar posições críticas a respeito da interseccionalidade entre raça, etnia, classe e sexualidade como pilares centrais.

Dentro da luta feminista a descolonização dialoga diretamente com o interesse do feminismo negro norte-americano de pensar o movimento e a luta feminista hegemônica sob o olhar de povos historicamente excluídos e sistematicamente silenciados, nesse caso as mulheres negras, indígenas, pobres e de sexualidade não normativa. Nesse sentido, o movimento feminista decolonial pode dialogar com um feminismo negro em contexto brasileiro que surge dos movimentos sociais e dos movimentos de mulheres negras que se organizam e legitimam seus conhecimentos e produções como forma de enfrentamento, incidindo diretamente nas políticas públicas de sua região e não somente nos espaços acadêmicos.

Lélia Gonzalez em seu texto "Por um feminismo afro-latino-americano" pontua que:

> para nós, amefricanas do Brasil e de outros países da região — assim como as ameríndias —, a conscientização

da opressão ocorre, antes de qualquer coisa, pelo racial. Exploração de classe e discriminação racial constituem os elementos básicos da luta comum de homens e mulheres pertencentes a uma etnia subordinada. A experiência histórica da escravização negra, por exemplo, foi terrível e sofridamente vivida por homens e mulheres, fossem crianças, adultos ou velhos. E foi dentro da comunidade escravizada que se desenvolveram formas político-culturais de resistência que hoje nos permitem continuar uma luta plurissecular de liberação. A mesma reflexão é válida para as comunidades indígenas. Por isso, nossa presença nos ME (Movimentos Étnicos) é bastante visível; aí, nós amefricanas e ameríndias temos participação ativa e em muitos casos somos protagonistas.[38]

Nesse sentido, a autora salienta a contribuição de mulheres negras e indígenas e constrói os neologismos *amefricanas* e *ameríndias* para refletirmos sobre o que elas representam e trazem de complexidade crítica para os movimentos sociais – embora seja sabido que mesmo nesses espaços de luta e transformação social as mulheres racializadas muitas vezes não encontram um espaço para serem vistas e ouvidas. Ela continua o texto falando sobre esse silenciamento das mulheres negras e indígenas:

38. L. Gonzalez, "Por um feminismo afro-latino-americano", *Revista Isis Internacional*, Santiago, vol. 9, 1988, p. 137.

É exatamente essa participação que nos leva a consciência da discriminação sexual. Nossos companheiros de movimentos reproduzem as práticas sexistas do patriarcado dominante e tratam de excluir-nos dos espaços de decisão do movimento. E é justamente por essa razão que buscamos o MM [movimento de mulheres], a teoria e a prática feministas, acreditando aí encontrar uma solidariedade tão importante como a racial: a irmandade. Mas o que efetivamente encontramos são as práticas de exclusão e dominação racista [...]. Somos invisíveis nas três vertentes do MM; inclusive naquela em que a nossa presença é maior, somos descoloridas ou desracializadas, e colocadas na categoria popular (os poucos textos que incluem a dimensão racial só confirmam a regra geral).[39]

A partir das reflexões de Lélia Gonzalez, tem-se um cenário propício para constatar a força dos feminismos negros dentro de uma construção de sociedade plural. A luta feminista negra brasileira ganha força nesse cenário dos movimentos sociais, ao longo dos anos 1980. Pode-se afirmar que a relação das mulheres negras com o movimento feminista passa a ser estabelecida a partir do 3º Encontro Feminista Latino-Americano, que aconteceu em Bertioga, em 1985.

Nesse encontro, emergiu a organização atual de mulheres negras por uma dimensão coletiva com o intuito de dar

39. Ibid., pp. 137-138.

visibilidade política à luta feminista. Então, começaram a surgir os primeiros coletivos de mulheres negras. É preciso pontuar que, antes de 1980, as mulheres negras participaram também do Encontro de Mulheres, no entanto, nesse momento, não havia ainda uma consolidação de um discurso assumido como feminista entre as mulheres negras, justamente por não se reconhecerem no movimento feminista e pontuarem todos os distanciamentos provocados pela sua origem em um movimento branco e elitista.[40]

No Brasil, a luta das mulheres negras se consolidou a partir do reconhecimento das suas especificidades e da necessidade de acolhimento e enfrentamento direcionados para essas pautas, a fim de garantir as agendas das mulheres negras brasileiras. Autoras como Lélia Gonzalez, Beatriz do Nascimento, Luiza Bairros, Sueli Carneiro, Djamila Ribeiro e Carla Akotirene produzem muito sobre as especificidades da pauta racial no contexto brasileiro, principalmente em relação às mulheres. Suas produções giram em torno das práticas racistas naturalizadas na sociedade, que teve a escravidão como atividade primordial para o desenvolvimento nacional durante quatro séculos. Os valores sociais construídos diante da monstruosidade que foi o processo escravocrata no Brasil perduraram e ainda perduram por todos os segmentos da sociedade brasileira, criando raízes profundas de sofrimento, invisibilidade e silenciamento.

40. N. Moreira, *A organização das feministas negras no Brasil*, 2018, pp. 62-90.

A autora Lélia Gonzalez, por exemplo, pontuou diversas vezes em seus textos e discursos a necessidade de pensar o racismo e o sexismo na cultura brasileira refletindo sobre a criação dos arquétipos atribuídos a essas mulheres e seus reflexos na sociedade.

Unindo-se a todos os pensamentos e pautas levantadas pelos feminismos negros, o movimento no Brasil também se fixa na necessidade de visibilizar as mulheres que construíram a história, com suas lutas e insurgências que sempre foram invisibilizadas e silenciadas pelo colonialismo afro-pindorâmico[41] e pela reprodução dos saberes hegemônicos. Nesse sentido, há uma lacuna contundente que precisa ser preenchida a partir da recuperação de uma memória das populações indígenas brasileiras, bem como pelo reconhecimento de uma supressão nos processos de afirmação identitária, que, durante anos, segue invisibilizando a ancestralidade indígena da população brasileira.

No decorrer dos anos mergulhando em histórias silenciadas foi possível para mim saber que mulheres negras, em contexto de exploração, seguiram agindo de forma estratégica e organizada para alcançar seus objetivos, como, por exemplo, as que eram empreendedoras, artistas, quituteiras e utilizavam o dinheiro ganho para comprar a alforria de pessoas negras escravizadas, como foi o caso de Tia Ciata, Luísa Mahin e tantas outras mulheres negras. Além delas, existiam também as mulheres negras que praticavam abortos como forma de resistência

---

41. A. B. dos Santos, *Colonização, Quilombos: modos e significações*, 2015.

para que seus filhos não nascessem escravizados, as que estavam à frente de irmandades negras e as que contribuíram para a organização de levantes contra a escravidão e em lideranças dos quilombos. Seja como for, as mulheres negras há muito tempo desempenham um papel importante na luta e na sobrevivência do povo negro.

É de responsabilidade das feministas negras enaltecer e visibilizar que, desde o período da escravidão, não só no Brasil, como em outros países, as mulheres negras sempre tiveram ações de resistência e insurgência contra o patriarcado e o racismo; assim como sinto uma responsabilidade latente de enaltecer e seguir buscando histórias silenciadas das mulheres indígenas que construíram e ainda constroem suas próprias vivências em todo o continente.

TEAR DA PALAVRA

I

Yo canto el dolor
desde el exilio
tejendo um collar
de muchas historias
y diferentes etnias.

II

En cada parto
y canción de partida,
a la Madre-Tierra pido refugio
al Hermano-Sol más energia
y a la Luna-Hermana

pido permiso (poético)
a fin de calentar tambores
y tecer un collar
de muchas historias
y diferentes etnias.

III
Las piedras de mi collar
son historia y memória
del flujo del espíritu
de montañas y riachos
de lagos y cordilleras
de hermanos y hermanas
en los desiertos de la ciudad
o en el seno de las florestas.
IV
Son las piedras de mi collar
y los colores de mis guias:
amarillo
rojo
branco
y negro
de Norte a Sur
de Este a Oeste
de Ameríndia o Latinoamérica
pueblos excluídos.

V
Yo tengo um collar

De muchas historias
y diferentes etnias.
Se no lo reconecen, paciencia.
Nosotros habemos de continuar
gritando
la angustia acumulada
hace más de 500 años.

VI
Y se nos largaren al viento ?
Yo no temeré, nosotros no temeremos.
Sí! Antes del exilio
Nuestro Hermano-Viento
Conduce nuestras alas
Al sagrado círculo donde el amalgama
del saber de viejos y niños hace eco
en los suenos de los excluidos.

VII
Yo tengo um collar de muchas historias y diferentes
etnias.[42]

Assim como Patricia Hill Collins, Ochy Curiel, Lélia Gonzalez, Graça Graúna, entre outras, afirmaram que mulheres negras e indígenas se fortalecem à medida que se encontram nesses espaços seguros, em que tecem um

42. G. Graúna, "Resistência", in E. Ribeiro; M. Barbosa (orgs.), *Cadernos Negros*, 2006, p. 120.

colar de muitas histórias. E é justamente nesses espaços que elas estão também produzindo conhecimento, saberes e uma forma de resistência e luta que nunca foi visibilizada e reconhecida pela colonialidade afro-pindorâmica, pela hegemonia. No entanto, é inegável que nos terreiros de religião de matriz africana e nas aldeias indígenas, por exemplo, mulheres negras e indígenas atuam como lideranças que constroem de forma sociocultural o país.

Falar de feminismos é sempre pontuar a importância dessas narrativas, dessas histórias e desses conhecimentos e é, sobretudo, a partir de uma perspectiva global, afirmar a apropriação de um termo usado dentro do eurocentrismo e da hegemonia para falar sobre as mulheres. Utilizar o termo feminismo e ressignificá-lo, transformando-o em uma palavra plural que abarca diversas realidades e reflexões é disputar politicamente conceitos canônicos e estabelecidos, possibilitando significados ampliados que contemplem a luta de mulheres plurais.

Sou/Somos búfala! 131

3. FEMINISMO FAVELADO —
SOU/SOMOS BORBOLETA

Às vezes me olho no espelho
e me vejo tão distante, tão fora de contexto!
Parece que não sou daqui.
Parece que não sou desse tempo.
(Eliane Potiguara, *Metade cara, metade máscara*)

A favela descrita em Becos da memória acabou e acabou.
Hoje, as favelas produzem outras narrativas, provocam
outros testemunhos e inspiram outras ficções.
(Conceição Evaristo, *Becos da memória*)

O nosso mundo é a margem.
(Carolina Maria de Jesus, *Quarto de despejo*)

Assumir o termo-conceito feminismo favelado é, antes de tudo, entender que mesmo um termo em disputa de sentido como o feminismo, acoplado a diferentes categorias de luta – feminismo negro, feminismo decolonial, transfeminismo –, e consolidado como uma práxis organizacional e de construção de sociedade, pode ainda seguir produzindo lacunas e ser insuficiente nas especificidades que cada luta identitária se propõe a disputar em meio a pautas prioritárias na construção de um mundo com menos assimetrias nas relações de poder.

Os pressupostos metodológicos para a criação de um conceito precisam estar alinhados com possibilidades contra-hegemônicas que contemplem ou que possam contemplar múltiplas formas de ler, pensar e organizar o mundo. Um exemplo disso seria propor alternativas que possam dar conta da experiência das mulheres negras africanas e em diáspora, oriundas de uma matriz civilizatória comum, o solo africano, e que encontraram a possibilidade de recuperar essa herança por meio de práticas ancestrais em suas vivências cotidianas. Faz-se necessária uma construção epistemológica que se proponha a conceituar esse movimento de resgate de memória, luta e práticas ancestrais de mulheres negras, como é o caso do mulherismo africana, que tem se tornado cada vez mais presente nos movimentos negros no Brasil e encontra reverberações com pensadoras negras presentes no continente americano e africano.

No entanto, ao propor um termo acoplado ao conceito de feminismo, em disputas constantes de narrativa e visibilidade epistêmica, almejo escavar caminhos e proposições de leitura de mundo que partem de uma busca constante para ampliar, disseminar e pluralizar as práticas contra-coloniais presentes no território brasileiro – as quais, de acordo com o intelectual quilombola Nego Bispo, acerca dos significados de colonialidade e contracolonialidade:

Vamos compreender por colonização *todos os processos etnocêntricos de invasão, expropriação, etnocídio,*

134 *Feminismos favelados*

subjugação e até de substituição de uma cultura pela outra, independentemente do território físico geográfico em que essa cultura se encontra. E vamos compreender por <u>contracolonização</u> todos os processos de resistência e de luta em defesa dos territórios dos povos contracolonizadores, os símbolos, as significações e os modos de vida praticados nesses territórios. Assim sendo, vamos tratar os povos que vieram da África e os povos originários das Américas nas mesmas condições, isto é, independentemente das suas especificidades e particularidades no processo de escravização, os chamaremos de <u>contracolonizadores</u>. O mesmo faremos com os povos que vieram da Europa, independentemente de serem senhores ou colonos, os trataremos como colonizadores.[1]

São justamente as práticas contracoloniais que reexistem, resistem e seguem construindo enunciações nos seus significantes e significados dentro de contextos que, de tão específicos e, por isso, privilegiados em suas análises e reflexões críticas, se espraiam e se capilarizam pela sociedade permitindo novos olhares e, consequentemente, novas ferramentas para análises sociais como um todo. Usar o termo feminismos é uma forma de recuperar esse significado outrora atribuído para segregar, obrigando-o a ser reescrito.

1. A. B. dos Santos, *Colonização, Quilombos: modos e significações*, 2015, pp. 47-48.

Ao elencar os elementos que compõem o conjunto de conhecimento específico das mulheres oriundas/viventes das favelas dos muitos Brasis, surge uma possibilidade de resgate ancestral e de percepção de tecnologias de sobrevivência responsáveis por ancorar, formar e sustentar gerações. Não sendo necessário voltar somente ao berço africano para perceber, mas também havendo a oportunidade de voltar à ancestralidade ameríndia – sobretudo marcada nos trânsitos migracionais entre Nordeste e Sudeste tão característicos das favelas, principalmente as favelas do Sudeste do Brasil – para constatar a existência de uma categoria capaz de disputar conceitos e referências dentro das epistemologias ditas e consideradas subalternas.

As favelas, ora denominadas como periferias deste país, carregam símbolos individuais nos seus diversos processos de formação, ao mesmo tempo que salvaguardam elementos conectados que produzem identificação imediata, de norte a sul, por esses Brasis adentro.

Nasci e cresci em uma favela do Rio de Janeiro, localizada na zona Norte da cidade e traçada por suas principais vias expressas. São esses os fatores que posicionam a minha experiência favelada de modo peculiar. No caso do Rio de Janeiro, por exemplo, o próprio sentido literal da palavra periferia se descaracteriza pelo fato de as favelas estarem literalmente ao lado do que é chamado dialeticamente de asfalto. Em outros estados brasileiros essa categoria se apresenta de forma diferente, atuando como um lugar de simbolismo, entre o que está no centro e o que está na periferia, ou à margem, conforme Carolina

Maria de Jesus nos informa na frase utilizada como epígrafe deste capítulo.

Falar sobre favela é também cuidar para não cair em armadilhas produzidas pela hegemonia, que tem como hábito essencializar, pegando uma figura identitária e utilizando-a como *token* para falar sobre uma experiência individual e, a partir daí, universalizar e pressupor tudo. Esse é o clássico modus operandi do sistema eurocêntrico, colonial de produção de conhecimento.

O intelectual brasileiro Nego Bispo, ao explicar os quilombos, apresenta uma reflexão provocativa quando afirma que nenhum quilombo é igual, que todos os quilombos são diferentes. Embora tenham elementos que os conectem e aproximem, são diferentes uns dos outros, porque cada quilombo é resultado de confluências com o ambiente e todos os seres viventes que o compõem. Então se é impossível que um ambiente seja exatamente igual ao outro, o mesmo ocorre com os quilombos. Me ancoro no mesmo pensamento de Bispo para falar sobre a favela, afinal nenhuma favela é igual a outra e, por isso, jamais poderia me colocar aqui como porta-voz das favelas.

Falo da Maré, um conjunto de dezesseis favelas, com aproximadamente 140 mil habitantes. Mais especificamente, falo, na verdade, da Nova Holanda, umas dessas favelas, e onde nasci. Partir do meu lugar me ajuda a refletir sobre o que significa ser favelada, vinda de uma favela do Rio de Janeiro, Sudeste do Brasil, na antiga capital colonial, da zona Norte de uma cidade turística com uma costa oceânica ativa, ambientes naturais diversos, resquícios coloniais insistentes... E ainda assim o meu olhar é um. Só mais um.

As favelas do Sudeste do Brasil trazem como marco imprescindível em sua formação a grande e massiva migração nordestina, por motivos diversos, mas com efeitos comuns, como a teimosia em continuar a viver diante da adversidade e do massacre colonial-capitalista. O censo populacional de 2019 realizado no Complexo da Maré[2] pela organização da sociedade civil Redes da Maré aponta que o percentual de autodeclarados nordestinos foi de 25,8% dos nascidos em estados do Nordeste, e esse número se multiplica quando pensamos nas gerações seguintes dessas famílias.

Essas marcas de subalternização que variam e, em muitos momentos, se contradizem, demonstram a necessidade de nos aprofundarmos em leituras interseccionais que abarquem fatores relacionais e contextuais presentes na vida dos indivíduos. Mulheres faveladas, de origem afro-brasileira, de origem indígena, de origem europeia, são, porém, atravessadas pelo marcador de classe, de origem nordestina e também pelo marcador da subalternidade cultural, de inferioridade, de apagamento... Somos muitas e estamos aqui.

Maria Carolina de Jesus, em seu livro *Quarto de despejo*, falava sobre a vida na favela do Canindé, em São Paulo. Metaforicamente, Carolina denominou a favela

2. Disponível em: <https://redesdamare.org.br/br/info/12/censo-mare>. Acesso em maio 2022.

138 *Feminismos favelados*

como "quarto de despejo", ao mesmo tempo que outras partes da cidade de São Paulo, de acordo com a autora, se dividiam em outros cômodos, como sala de visitas e de jantar. Muitas vezes, Carolina se pronunciou em relação à presença dos migrantes nordestinos que chegavam e cada vez mais ocupavam a favela, produzindo uma série de desconfortos e desajustes, sob o ponto de vista da autora.

O período de escrita do livro de Carolina coincide com o momento histórico marcado por uma grande seca no Nordeste brasileiro e pelo auge dos processos de industrialização ocorridos entre as décadas de 1950 e 1970. O que explica a migração nordestina para a região Sudeste, em especial para os estados de São Paulo e Rio de Janeiro, que alterou o cenário de forma intensa, principalmente o das favelas, onde se concentrava a população pobre, majoritariamente composta por descendentes de pessoas negras escravizadas e indígenas, em contexto urbano expropriados de suas terras.

Ainda que a autora tivesse escrito em muitos de seus diários, no livro *Quarto de despejo*, sobre os incômodos provocados por esses nordestinos, que agora ocupavam "sua favela", ao ter a oportunidade de viajar para o Nordeste pela primeira vez, na escrita de seu segundo livro, *Casa de alvenaria*, Carolina apresenta um novo ponto de vista:

> *Todos se queixam da opulência de São Paulo, o filho legítimo do presidente da República. São Paulo e Rio são os prediletos. O Norte e o Nordeste são filhos adotivos. Filhos subnutridos.*

[...] *O Nordeste é o quarto de despejo do Brasil.*[3]

Nessas reflexões sobre as contradições provocadas pela interseccionalidade de múltiplas opressões e fatores históricos, uma das minhas apostas para pensar sobre mulheres faveladas é a reivindicação de um lugar na categoria político-cultural de amefricanidade[4], proposta por Lélia Gonzalez nos anos 1980.

Reconheço nessa categoria um fundamento de análise social brasileira que atenta para um tipo específico de racismo, chamado por Lélia Gonzalez de racismo de *denegação*. Esse processo, compreendido do ponto de vista psicanalítico, grosso modo, nos informa sobre uma prática contínua de não reconhecimento das complexidades dos discursos identitários que foram/são forjados a partir das inúmeras miscigenações, entrecruzamentos culturais e de identidade. O Brasil, ao fazer do Nordeste seu quarto de despejo, *denega* a nordestinidade presente em cada elemento da cultura brasileira como fundamento imprescindível para a construção identitária deste país.

Identificar as origens fenotípicas e culturais que representam diversas heranças ancestrais nos leva a pensar sobre conceitos/termos como colorismo, mestiçagem, relações de classe, território, distribuição de renda e formação

3. C. M. de Jesus, *Casa de alvenaria: o diário de uma ex-favelada*, 1961, p. 106.
4. L. Gonzalez, "A categoria político-cultural de amefricanidade", in *Tempo Brasileiro*, Rio de Janeiro, vol. 92, n. 93, jan./jun., 1988, pp. 69-82.

política – todos esses temas que produzem debates e são pertinentes para que haja uma discussão honesta e profunda sobre as desigualdades sociais e raciais no Brasil. Torna-se imperativo alargar e aprofundar os estudos e as produções teóricas a respeito da categoria de classe e a sua relação com outros marcadores da diferença, propostos na metodologia do pensamento interseccional, bem como atentar para as divisões regionais, principalmente as que concentram populações negras e indígenas, como, por exemplo, as regiões Norte e Nordeste do Brasil.

A pensadora baiana Carla Akotirene chama atenção para essas nuances da interseccionalidade ao utilizar avenidas como metáfora para caminhos identitários que se encontram e se cruzam de acordo com seu ponto de partida e contexto. Em relação às opressões estruturais brasileiras com a região Nordeste do Brasil, ela diz:

> *As existências são avenidas identitárias,* [uma mulher] *que transita branca na presença dos negros, mas que na presença branquitude ela é apenas nordestina.*
> *[...] Viver gênero informa lugar de raça, mas viver a raça de Outro desloca todas nós para o pedaço mais "engraçado" do Brasil e de pobres coitadas.*[5]

Abarcar as avenidas identitárias como nossa existência auxilia a entender o lócus conceitual do termo favela/

---

5. Trecho retirado de uma postagem nas redes sociais da autora em janeiro de 2021.

favelado como um lugar de proposição e construção de mundo calcado na metodologia empírica contracolonial que resulta na experiência vivida como categoria política, e não universalizante. Sendo fundamental para a construção de futuros menos assimétricos e a quebra de estereótipos endurecidos de subalternização em todas as relações, a depender do entroncamento identitário dessas avenidas. O Nordeste do Brasil foi/é sistematicamente representado a partir de um olhar de inferioridade, de infantilização, de racismo recreativo disfarçado de humor, com todos os estereótipos que naturalizam a violência e o descaso social e governamental vivenciado ao longo da história por esses estados brasileiros e principalmente a violência epistêmica e desumanizante que invisibiliza os saberes nordestinos sob a luz do pensamento sudestino como referencial intelectual, cultural e social.

Nessa relação entre Nordeste e Sudeste do Brasil, a partir desses entroncamentos das avenidas identitárias, a experiência da favela e toda sua pluralidade e complexidade apresenta-se como um espaço de reverberação de muitas leituras sociais sobre o país e o mundo. Há muito tempo, a favela serviu/serve como "fonte" de pesquisa antropológica/sociológica/etnográfica para a compreensão da sociedade, a partir de diferentes áreas de conhecimento dentro dos espaços instituídos como os do saber legitimado, que são as universidades, os institutos de pesquisa, além das organizações sociais e governamentais.

Nesses processos, muitas vezes invasivos e extrativistas vivenciados nesses espaços, a favela é atacada no

142 *Feminismos favelados*

cerne de sua existência, de sua humanidade, uma vez que continua a ser expropriada culturalmente de suas produções efervescentes de saberes e tecnologias ancestrais e futuristas, que são capazes de produzir respostas orgânicas para inúmeras problemáticas sociais.

Por mais que haja uma leitura e uma interpretação em disputa político-conceitual acerca das subjetividades, o termo favelado/a não é fácil de se admitir como parte de uma identidade constituinte autoafirmada; por isso trazer o termo *favelada* como algo visto a partir de uma relação positiva para a construção identitária torna-se um grande desafio. Ainda é muito difícil assimilar e usar um termo que está a todo momento sendo ridicularizado e utilizado para definir um imaginário equivocado e estereotipado sobre as pessoas que moram nas favela, somando-se a outros marcadores raciais, regionais e de gênero.

Há uma especificidade no ser favelada que está diretamente conectada com tudo aquilo que se deseja negar, esconder e recusar. Esse tipo de opressão é provocado pelo desejo de ocultar esses elementos que nos constituem devido a todo o peso que o encontro dessas avenidas proporciona, como efeito do racismo de *denegação* apresentado por Lélia Gonzalez.

A dificuldade de utilizar esse termo devido aos preconceitos associados às intersecções de classe e raça é verdadeira e totalmente compreensível; no entanto, invisto e insisto na missão de assumir politicamente o termo favelado/a como algo a ser repensado, recriado. De modo que esse termo seja capaz de construir novos

Sou/Somos borboleta 143

imaginários sobre a população que vive nas favelas do Brasil, atentando para sua diversidade cultural, afetiva e de inventividade oriunda de uma ancestralidade pluriversal amefricana e contracolonial.

De acordo com a autora negra estadunidense Angela Davis,[6] a opressão de classe informa a de raça e a de raça informa a de classe. Ao pontuar a relação entre essas duas opressões estruturais estamos falando, por exemplo, das favelas e suas formações, ou seja, de uma realidade de mulheres descendentes de pessoas negras e indígenas que ocupam as classes pobres da sociedade e que foram/são alocadas em territórios específicos, sejam eles de baixa especulação imobiliária ou em risco iminente de remoção. Mulheres com histórico de expropriação de terra e moradia, sujeitas a intervenções violentas e impunes do Estado e que têm constantemente suas imagens forjadas a partir dos estereótipos herdados da condição de existência que produz leituras hegemônicas cruéis e estáticas.

A autora Lélia Gonzalez, em seu texto "Racismo e sexismo na cultura brasileira", observa a importância de fazer recortes para além da raça e do gênero, considerando as relações de classe e apontando como a experiência de ser mulher negra e favelada, por exemplo, se torna um componente a mais de opressão e desumanização.

Mas é justamente aquela negra anônima, habitante da periferia, nas baixadas da vida, quem sofre mais

6. A. Davis, *Mulheres, raça e classe*, 2016, p. 244.

tragicamente os efeitos da terrível culpabilidade branca. Exatamente porque é ela que sobrevive na base da prestação de serviços, segurando a barra familiar praticamente sozinha.[7]

De acordo com Piedade,[8] em 2015, pessoas negras e pardas representavam 54% da população brasileira, mas sua participação no grupo dos 10% mais pobres do Brasil era muito maior: 75%. O Censo Populacional da Maré de 2019 aponta que a população autodeclarada de pretos e pardos era de 62,1%, enquanto a que se autodeclara indígena correspondia a 0,6%, totalizando quase 63% da população do território. Já os dados de educação e geração de renda no território mostram que apenas 37,6% da população da Maré completou o ensino fundamental e apenas 21,5% trabalha com carteira assinada.[9]

A correlação do fator racial com o de distribuição de renda no país apresenta o retrato colorido das classes sociais brasileiras. Nesse sentido, é possível pensar uma condição analítica específica para a mulher moradora da favela quando ela é majoritariamente negra e/ou indígena e pobre.

Carolina de Jesus apresentava na sua literatura uma imagem concreta dos efeitos terríveis da culpabilidade

---

7. L. Gonzalez, "Racismo e sexismo na cultura brasileira", *Ciências Sociais Hoje*, Anpocs, 1984, p. 231.

8. V. Piedade, *Dororidade*, 2018, p. 19.

9. E. S. Silva, *A ocupação da Maré pelo Exército brasileiro: percepção de moradores sobre a ocupação das Forças Armadas na Maré*, 2017.

branca sobre a vida das mulheres faveladas, como apontado por Lélia Gonzalez. Em um de seus relatos do diário de 1960, ela descreve uma situação vivida e faz sua crítica social-filosófica às estruturas de poder da branquidade – hegemonia, expropriação, lucro, acumulação, exploração, antropoceno. Tudo isso de forma racializada e ontologicamente orientada ao dizer:

> *Passei no açougue para comprar meio quilo de carne para bife. Os preços era 24 e 28. Fiquei nervosa com a diferença dos preços. O açougueiro explicou-me que o filé é mais caro. Pensei na desventura da vaca, a escrava do homem. Que passa a existência no mato, se alimenta com vegetais, gosta de sal mas o homem não dá porque custa caro. Depois de morta é dividida. Tabelada e selecionada. E morre quando o homem quer. Em vida, dá dinheiro ao homem. E morta enriquece o homem. Enfim, o mundo é como o branco quer. Eu não sou branca, não tenho nada com essas desorganizações.*[10]

Essa forma de ler e analisar o mundo sob o ponto de vista de sua própria existência é justamente o que me move a pensar no termo *favelada* como dispositivo de produção de conhecimento localizado, referenciado e pluralizado de leitura de mundo. No entanto, sei bem que utilizar esse termo levando em conta o fato de nascer e morar na

10. C. M. de Jesus, *Quarto de despejo: diário de uma favelada*, 1960, p. 70.

favela jamais será suficiente para explicar os significados do que é ser favelado experienciados na lida cotidiana.

Sei também que, apesar dos marcadores de classe que produzem abismos sociais, reduzem oportunidades e dificultam acessos a direitos básicos de subsistência, as marcas raciais impressas no corpo geram significados intransponíveis, impedindo a passibilidade de se proteger de ataques violentos e opressores, mesmo quando a classe não é uma questão ou quando não está em questão no momento.

Nunca são os mesmos corpos, ainda que favelados, que são livres para circular em determinados espaços da cidade. Os indivíduos serão sempre analisados pelos olhares julgadores das estruturas da branquidade, primeiramente pelo seu tom de pele, mas também pelas roupas e estilo de vestuário, atitudes corporais e culturais. Fomentando essa obrigação iminente de corresponder aos muitos quesitos que compõem a dita "boa aparência" para circular entre brancos e ricos nos espaços públicos e privados, para conseguir um bom emprego, para entrar e sair de uma loja, para caminhar livremente.

Sobre essa dimensão do componente racial associado à classe, a intelectual Ana Flauzina diz que

> *a pobreza branca está associada fundamentalmente às mazelas provocadas pela forma de estruturação econômica, assumida desde a modernidade, agravando-se com o advento da globalização. A partir do momento em que a absorção da mão de obra se tornou*

um problema, dentro de uma lógica de consumo e produção que reforça os patamares de concentração de renda e exclusão social em todo o mundo, há uma parcela do proletariado branco que começa a perder o espaço, antes assegurado e incentivado por um conjunto de políticas públicas, e a ter uma redução significativa em termos de renda. Já a pobreza negra não pode ser explicada exclusivamente pelas dinâmicas do capital. Para esse segmento, a pobreza foi construída enquanto possibilidade e utilizada como instrumento para a redução das condições de vida ao longo de todo o percurso histórico.[11]

Há uma necessidade de expandir a compreensão acerca do conceito de classe, que muitas vezes se apresenta como um conceito estático dentro de análises sociais descontextualizadas e desonestas. Classe, por vezes, é um conceito repetido como um chavão para pensar de forma superficial sobre questões extremamente complexas como as relações de exploração trabalhista, acúmulo de capital, desigualdade de geração de renda e dominação burguesa dos meios de produção. Não almejo aqui entrar na questão sobre o que de fato é o conceito de classe nos mais diversos contextos político-sociais brasileiros, porém sinto a necessidade de que esse debate se amplie cada vez mais quando pensamos no território da favela.

11. A. L. P. Flauzina, *Corpo negro caído no chão: o sistema penal e o projeto genocida do Estado brasileiro*, 2006, pp. 102-103.

É preciso compreendê-lo como uma questão que está para além dos marcadores de riqueza e pobreza, assim como das relações de raça. Como provoca Ana Flauzina, proponho aqui o termo território como um dispositivo para pensar o que representa emprenhar uma luta a partir de um território favelado e seus desafios considerando todos os pressupostos históricos citados aqui.

Ao adicionar os marcadores de classe, raça e gênero na minha análise de território, ensaio algumas reflexões sobre um espaço que faz parte da sociedade e da cidade, mas que tem incidências institucionais específicas de atuação governamental. Quando falo do Complexo da Maré, por exemplo, e da vida de 140 mil pessoas que aqui vivem, sendo 51% mulheres, quase 63% negros e indígenas e 25,8% (nascidos)[12] nordestinos, majoritariamente pobres e ocupantes das classes de trabalho mais precarizadas, apresento um cenário com os múltiplos elementos que posicionam as avenidas identitárias e as associam aos dados violentos e naturalizados sobre morte e descartabilidade do ser humano em um mesmo lugar.

Em um território favelado como a Maré, que infelizmente tem um grande histórico de incursões policiais

---

12. Destaco a palavra "nascidos", porque há uma forte identidade cultural que constitui as famílias nordestinas. Ainda que distante de sua terra de origem, é capaz de demarcar identitariamente as próximas gerações familiares mesmo que "nascidas" no Sudeste. Essas famílias como um todo ainda podem se autodeclarar como nordestinos. E esse dado, em específico, se refere apenas aos nascidos nos estados do Nordeste e moradores da Maré.

Sou/Somos borboleta

violentas – com casos de pessoas mortas por arma de fogo, crianças assassinadas no percurso de ida à escola, inúmeras violações dos direitos humanos e interrupção de serviços públicos essenciais, tudo isso em nome de uma suposta guerra às drogas e de teorias de pacificação da cidade que contam com um aparato bélico de guerra direcionado exclusivamente para esses espaços –, insisto em dizer que o conceito de classe apresentado hegemonicamente sempre será insuficiente para analisar essa experiência. Não é possível usá-lo do mesmo jeito que é utilizado para analisar uma parcela da cidade que vive em condições completamente distintas da favela, ainda que façam parte da classe trabalhadora explorada e não detentora dos meios de produção.

Muitas vezes, dentro dos próprios movimentos sociais e progressistas que lutam pelo fim da exploração capitalista objetivando a construção de um mundo melhor, existem indivíduos que são incapazes de fazer uma reflexão que leve em consideração as especificidades, nesse caso, de um território favelado do Rio de Janeiro como análise fundamental. Estes então insistem em apontar o dedo para nossa cara e dizer que "estamos na mesma trincheira da luta de classe contra o capital", quando na verdade estamos literalmente em lugares completamente diferentes.

É complexo, reconheço, mas discutir classe dentro do território favelado é, antes de tudo, pensar em distintos pontos de partida, sentido, significado e valor da própria vida. Ser criança e perder amigos mortos por tiro é uma marca capaz de te desalojar ontologicamente, por exemplo. É viver na continuidade de um *devir* despedaçado por uma estrutura necropolítica vigente, mesmo quando não se tem "nada a ver com essas desorganizações", como nos informa Carolina de Jesus em sua reflexão.

Quando penso em território, classe, raça e gênero entrecruzados, são abertas feridas profundas da minha história e das histórias que me compõem. A Maré, por exemplo, no período de 5 de abril de 2014 a 30 de junho de 2015 foi ocupada pelas forças armadas do Exército brasileiro. O dia a dia passou, então, a ser marcado pela presença de armas, tanques de guerra, soldados fardados e caveirões (carros grandes blindados) transitando pela comunidade com uma naturalidade capaz de confundir qualquer indivíduo que circulasse por outros espaços da cidade em que este estado de sítio não estava armado. A operação de Ocupação do Exército na Maré coincidiu com um momento em que o Rio de Janeiro estava na mira do mundo pelo fato de sediar a Copa do Mundo em 2014 e os Jogos Olímpicos em 2016, um momento festivo e celebrativo para a cidade, mas para qual parte da cidade? E a que custo?

É muito confuso assistir à TV e vislumbrar as festas e a celebração da internacionalmente reconhecida "cidade maravilhosa" e ao mesmo tempo ter um tanque de guerra na sua esquina. De acordo com a pesquisa sobre o período de Ocupação do Exército na Maré, realizada por Eliana Sousa Silva, todos esses atravessamentos produziam uma série de efeitos e significados, e embora a

ocupação trouxesse o já conhecido discurso de "pacificação" desses espaços presente nas tentativas das Unidades
de Polícia Pacificadora (UPPs) implementadas em outras
favelas do Rio de Janeiro em anos anteriores, para os moradores, esse período na Maré se apresentava de forma
diferente. De acordo com Eliana Sousa Silva,

> *para muitos moradores da Maré, a ocupação militar
> foi uma demanda externa, para impedir que os gru-
> pos civis armados agissem em outras partes da cidade.
> O exército não estava na favela para proteger os mora-
> dores, mas para impedir que dali pudessem sair ações
> que atingissem outros territórios do Rio de Janeiro.*[13]

Essas são apenas algumas das contradições presentes
em um corpo marcado e atravessado pela ausência sistemática de direitos, arraigado de estigmas e insistindo
em viver. Em minhas participações nas discussões e movimentos sobre a luta de mulheres e direitos humanos,
só conseguia pensar que, para construir uma teoria feminista, muitas miradas precisariam estar presentes. São
fatores que condicionam a experiência vivida no mundo
de um modo muito peculiar.

Pensar nas pautas de violência contra a mulher, por
exemplo, e na insuficiência dos discursos genéricos que
fomentam políticas públicas excludentes, pensar nos direitos sexuais e reprodutivos, nas práticas de interrupção

13. E. S. Silva, op. cit., p. 70.

de gravidez e mortalidade feminina, pensar nas relações de trabalho e no que significa dizer na entrevista de emprego que mora na favela, ou ter que chegar no horário certo do trabalho e ser impedida, porque na favela está rolando tiro, ter que deixar os filhos na escola, com medo de como será na volta imaginando se a polícia vai entrar, se os grupos civis armados vão aliciar ou entrar em conflito entre si...

Todos esses atravessamentos se conectam com as relações de classe, raça e gênero, mas, ainda assim, são efeitos peculiares oriundos de uma experiência territorial que não é apenas resultado das desigualdades sociais e da ausência de política pública de habitação. As favelas são territórios instituídos, consolidados, com expressões culturais autorais que estão presentes no imaginário coletivo mundial, com uma geração de renda fervilhante que movimenta a cidade e com traços específicos que caracterizam a cultura brasileira. O que pode ser a favela? É uma condição específica pensar em uma luta de mulheres de forma interseccional pautada a partir deste lugar, o lugar de favelada.

Quando me tornei mãe, as questões mencionadas não saíam da minha cabeça. É muito sintomático saber que se alguém for fazer uma pesquisa sobre "grupo de mães" em um contexto fora de favela no Rio de Janeiro, o imaginário respondido será um grupo de mulheres que se juntam com suas crias e com outras mulheres para falar sobre criação, medos e inseguranças, métodos de introdução alimentar, amamentação em livre demanda,

Sou/Somos borboleta   153

métodos educacionais etc. E quando alguém pensa em grupo de mães em contexto de favela, o imaginário respondido já remonta a um grupo de mulheres enlutadas, juntando forças para berrar nos poucos espaços abertos à escuta, cansadas, fraturadas, segurando cartazes e faixas com fotografias estampadas também em camisetas junto com a frase "saudades eternas", reivindicando a ausência irremediável de seus filhos assassinados pelo Estado.

De maneira alguma pretendo universalizar a experiência de ser mãe e favelada, mas a dor que acomete essas mulheres é sentida de forma pungente em cada tiro disparado ouvido na favela, ainda que você esteja em casa com seus filhos do lado. A dor de perder um filho assassinado me parece impossível de descrever. E embora isso possa acontecer em qualquer espaço da cidade e com qualquer família, os números e os dados nos mostram os locais em que essa dor persiste e insiste.

Como considerar a luta e o movimento dessas mulheres como parte da luta feminista hegemônica? São abismos imensuráveis. São agendas que não se encontram, embora haja alguns esforços genuínos. Não desejo, nem acredito que propor um recorte identitário na luta feminista seja algo capaz de enfraquecer o movimento e diminuir a disputa de suas múltiplas agendas, como se alguma fosse mais importante do que a outra. Esse não é meu objetivo aqui.

O que realmente desejo é ampliar os caminhos de compreensão, sobretudo na formulação de teorias, na construção de políticas públicas, na ocupação de espaços

154 *Feminismos favelados*

de poder e relevância político-social, para que possamos pautar, em igualdade, demandas que são, por vezes, pejorativamente tratadas como identitárias e, por isso, lidas como menos relevantes. Podemos construir um movimento plural e implicado a desobstruir os caminhos, propiciando o encontro e o sonhar de futuros possíveis.

Sem a intenção de esgotar esse debate, mas com a ânsia de vê-lo sempre na roda, girando e alimentando nossas agendas e lutas, me vejo com a incumbência de olhar para a favela e suas produções e buscar caminhos a seguir, me posicionando diante de todas as contradições presentes nos entroncamentos das avenidas identitárias.

Busco caminhos para pensar sobre os significados que, durante anos, foram atribuídos a esse lugar e às pessoas que vivem aqui. Muitas vezes, olhei ao meu redor e o sentimento era de ser alguém sempre insuficiente – sentimento esse diariamente fomentado pela naturalizada descartabilidade dos sujeitos que habitam esse espaço.

Não há nada de novo sob o Sol,
mas há novos Sóis.[14]

Ainda que as ausências existam e a necessidade de preenchimento dos vazios se torne cada vez maior, é bom saber que "há novos Sóis", como proposto pela escritora Octavia Butler. Experimento aqui, então, uma reflexão acerca de dois paradigmas criados para discutir

14. O. Butler, *A parábola do semeador*, 2018.

as relações de produção de conhecimento oriundo das favelas e periferias em contraponto aos discursos disseminados sobre elas e a política de morte e apagamento institucionalizadas.

Apresentando o que foi proposto por Silva,

> o paradigma da ausência não reconhece estratégias resultantes de formas autênticas de "resiliência", tampouco admite formas e estilos de vida deslegitimados por referências sociais, culturais, políticas e estéticas hegemônicas. São, fundamentalmente, habitus sociais desenvolvidos sob as condições específicas de vida, simbolicamente depreciadas como parte integrante do processo de distinção corpóreo-territorial – recorrentes no espaço urbano.[15]

Ainda de acordo Silva, o paradigma da potência se opõe ao paradigma da ausência por meio de uma ótica discursiva que visibiliza e reconhece a inventividade dos territórios ditos carentes e ausentes:

> Como contrapartida às simplórias classificações de territórios "desprovidos", "desfavorecidos", "desprivilegiados", "pauperizados", "marginalizados", "excluídos" ou "carentes", opõe-se ao paradigma da ausência, "o poder inventivo" das Periferias – traduzido

---

15. J. S. Silva, "Por uma pedagogia da convivência na cidade", in Silva, J. S. et al. *O novo carioca*, 2012, s/p.

por Potência, ou pela capacidade de gerar respostas práticas e legítimas, as quais se configuram como formas contra-hegemônicas de vida em sociedade. Trata-se do reconhecimento do poder inventivo dos grupos marcados pela desigualdade social e estigmatizados pela violência.

[...] Em outras palavras, os territórios populares e seus sujeitos devem ser valorizados pelas inventividades que contribuem para a vida urbana plena, não sendo depreciados como expressões da ausência e da privação, entre outras representações negativas, as quais operam como forças simbólicas na esfera pública para desvalorizar existências, reputações e demandas de direitos para esses territórios.[16]

Em cenários de escassez em diversos níveis e sentidos, com uma assumida desigualdade de classe como um cenário a ser complexificado, no entanto, é preciso ter em mente questionamentos sobre como produzir ferramentas que lidem com a escassez sem que esse trabalho produza traumas emocionais nunca acolhidos nesses indivíduos.

Certamente, percebe-se que o caminho ao visibilizar "potências das produções faveladas" não diz respeito à romantização dos saberes produzidos na escassez, mas à possibilidade de vislumbrar o fim das desigualdades a partir de pontos que reconheçam a experiência ancestral

16. Ibid., s/p.

produzida, revisitada, revista, atualizada e colocada à prova como fundamento essencial de manutenção da vida.

Com isso, faz-se necessário entender os movimentos e as insurgências de lutas de mulheres dentro das favelas como ações conectadas com a agenda de luta das mulheres negras e de mulheres indígenas em diferentes esferas da sociedade. Assim, torna-se possível ressignificar o sentido dito hegemônico da luta feminista e feminina, questionando, inclusive, o peso do termo enquanto conceito academizado e colocando-o diante de diversos escopos teóricos, forjando-o na possibilidade de encontro entre formas de produção de conhecimento que permitam novas interpretações e leituras de mundo. Reconhecendo, portanto, a potência existente em diferentes formas de organizações de luta, como exemplifica Franco, ao discorrer sobre as mulheres negras e faveladas:

> As mulheres, negras, das periferias, com ênfase nas favelas, são representações estratégicas para avanços democráticos e de convivência com as diferenças e superação das desigualdades, por conta do peso do machismo e do racismo e do crescimento da ideologia xenofóbica.
>
> As mulheres negras, moradoras das periferias e favelas são ativas nos cenários políticos, culturais e artísticos da cidade. Ainda que a luta/ativismo/militância por elas protagonizada seja inicialmente relacionada às questões locais e intimamente "linkada" às condições objetivas e subjetivas das suas vidas no território, conquistam dimensões fundamentais para

*avançar às condições locais, alcançando impacto em
toda a cidade.*[17]

No texto mencionado, a autora Marielle Franco ilustra a importância do reconhecimento das potências de mulheres faveladas e periféricas para transformações sociais de impacto em toda cidade, a partir das suas ações intrínsecas aos processos de reinvenção da vida que tentam dar conta das desigualdades promovidas pela sociedade hegemônica.

Outro exemplo está na organização e na construção política feminina em alguns países da América Latina e nos estudos sobre feminismo comunitário, que propõem um resgate das lutas das mulheres oriundas de comunidades em sua maioria de ancestralidade e vivência indígena, estabelecendo referenciais de existência sobre ser mulher e viver em sociedade, como recursos para a luta e transformação política e social, tal como exposto por Julieta Paredes:

*Um mundo muito diferente era o nosso em Abya Yala,
as mulheres tinham direito à terra.*

*[...] As mulheres administravam os remédios para
seus corpos e dos wawas, meninas e meninos, ninguém
as perseguia, nem matava por possuir essa sabedoria.*

17. M. Franco, "A emergência da vida para superar o anestesiamento social frente à retirada de direitos: o momento pós-golpe pelo olhar de uma feminista negra e favelada", in W. Buenno et. al., *Tem saída? Ensaios críticos sobre o Brasil*, 2017, p. 92.

Sou/Somos borboleta 159

Nestes territórios as mulheres eram autoridades políticas e militares, elas eram curacas *e, é claro, estavam à frente dos ritos da lua, pois esses ritos não eram realizados por homens.*[18]

A potência de luta oriunda de mulheres que priorizam uma construção coletiva, assim como nos feminismos comunitários e/ou nas lutas das mulheres em favelas, produz efeitos territoriais e não de caráter individual de emancipação feminina. Os cenários descritos são inscritos sob a ótica do paradigma da potência que reinventa e produz construções políticas e sociais do espaço comunitário.

Ao levar em conta o contexto de organização das favelas do Rio de Janeiro e suas variadas histórias de formação, com o engajamento e a organização de comunidades rurais, indígenas, ribeirinhas e do interior das grandes cidades, é possível encontrar diversos pontos de convergência, entre eles, como principal premissa, o resultado da conexão com a luta feminina por direitos e sobrevivência coletiva/comunitária.

As mulheres negras e as mulheres indígenas, como estratégia de sobrevivência, sempre precisaram organizar e criar redes de apoio com outras mulheres para garantir a existência de suas famílias, principalmente por haver uma ausência total de apoio do Estado e um estigma profundo sobre a vida desses corpos femininos em específico.

18. J. C. Paredes; A. A. Guzmán, *El tejido de la rebeldia. Qué es el feminismo comunitario?*, 2014, p. 80, tradução livre.

Nas entrevistas que realizei para estes escritos, esse foi um ponto muito recorrente nas falas das mulheres moradoras da Maré, participantes do projeto Mulheres ao Vento, ao comentarem sobre sua infância e história de vida, como, por exemplo, a fala de Maria Felipa:

Nasci na zona Sul [do Rio de Janeiro] *e fui "transferida" para Nova Holanda com 9 anos de idade. Ficamos aqui no maior aperto, mas minha mãe conseguiu um emprego. Ela tinha que ficar a semana toda na casa da patroa e levou minha irmã, porque era uma bebê e eu ficava na casa da vizinha a semana toda e só via minha mãe no final de semana.*

[...] Depois ela teve meu irmão, os três filhos da minha mãe não têm registro de pai.

Com esse relato, Maria Felipa evidencia uma das múltiplas formas de organização de mulheres faveladas em sua vida. Se o movimento feminista pode ser definido como uma organização de mulheres que se apoiam, visando um crescimento coletivo e uma transformação nas relações opressoras de classe, gênero e raça, é por meio das múltiplas formas de resistência e inventividade contra o racismo e o sexismo que as mulheres faveladas estão totalmente inseridas na luta para garantir sua sobrevivência e a da sua comunidade.

Ampliar o entendimento do termo feminismo partindo da ótica do empoderamento feminine, reconhecendo essas ações e conectando-as ao movimento de luta

Sou/Somos borboleta 161

global em prol das mulheres, corrobora com a compreensão deste termo para além de um conceito acadêmico. Visibilizar as ações e práxis organizacionais de mulheres faveladas como parte de uma luta que compõe uma teia de ações interligadas com diferentes e importantes movimentos sociais globais de transformação de estruturas sociais é algo capaz de fortalecer e encorajar mais mulheres a ocuparem lugares em espaços de liderança e protagonismo de forma reconhecida, o que gera benefícios nas dimensões individual e coletiva.

Além disso, é importante reconhecer e visibilizar o que a ancestralidade nos revela sobre as muitas possibilidades do ser mulher a partir de referenciais contracoloniais de existência, assim como pontuado anteriormente por Julieta Paredes sobre ancestralidade feminina inca e Lélia Gonzalez sobre ancestralidade da mulher negra:

> Como sabemos, nas sociedades africanas, em sua maioria, desde a Antiguidade até a chegada dos islames e dos europeus judaico-cristãos, o lugar da mulher não era de subordinação, o da discriminação. Do Egito antigo aos reinos dos ashanti ou dos yorubá, as mulheres desempenharam papéis tão importantes quanto os homens. Em muitos casos, até o poder político era compartilhado com elas.[19]

19. L. Gonzalez. "A importância da organização da mulher negra no processo de transformação social", *Raça e Classe*, Brasília, DF, 2, n. 5, nov./dez. 1988, p. 2.

É imprescindível enaltecer e visibilizar que nos espaços de favela e periferias há uma grande representação de mulheres atuando em processos de lutas e ativismo, tais como mulheres à frente de ações sociais e solidárias que beneficiam a comunidade, mulheres à frente de lideranças políticas locais por melhorias de serviços públicos, organizações de mães de filhos vítimas da violência do Estado, grupos de mulheres à frente de serviços, além do suporte para famílias em vulnerabilidade diante da pandemia de Covid-19, igualmente organizado por mulheres.

Com isso posto, teorizar sobre o termo e o tema *feminismos* e disseminar esse debate nas favelas e periferias significa estar em conexão com a crescente apropriação de termos e com a reinvenção de significados que pode ser gerada a partir de um termo acadêmico que, ao se "popularizar", encontra uma pluralidade de entendimentos.

Por conseguinte, há hoje diversidade de vertentes, corroborando assim com a ideia de que os termos precisam ser apropriados e questionados, para então assumir uma ressignificação de sentido mais abrangente. A aproximação das pautas de gênero com as de raça, classe e território é benéfica para a população como um todo, principalmente para a população tida como subalternizada e composta por mulheres e homens favelados, como uma tomada de consciência da existência dessas opressões estruturais.

Um ponto crucial para essa análise é pensar em feminismos contracoloniais e plurais – como o feminismo negro, o indígena, o comunitário, o decolonial –, que, não por coincidência, têm como premissa discussões antipunitivistas, anticarcerárias e pontuam a inserção dos homens na construção de uma sociedade justa e menos opressiva, uma vez que os homens ditos subalternizados, embora ocupem, na seara das desigualdades de gênero, lugar de certa vantagem social, não correspondem ao retrato do patriarcado hegemônico, colonizador e destruidor das pluralidades da vida.

Por isso, Gonzalez, ao falar da experiência da mulher negra nos espaços de discussão sobre a luta das mulheres, ressalta que

> *a presença da mulher negra* [dentro dos movimentos feministas] *tem sido de fundamental importância, uma vez que, compreendendo que o combate ao racismo é prioritário, ela não se dispersa num tipo de feminismo que afastaria seus irmãos e companheiros.*[20]

Além disso, para o feminismo comunitário,

> [o patriarcado é] *o sistema de todas as opressões, todas as explorações, todas as violências e discriminações que vive toda a humanidade (mulheres, homens e pessoas intersexuais) e a natureza, historicamente construídas, sobre o corpo sexuado das mulheres".*[21]

20. L. Gonzalez. "O papel da mulher negra na sociedade brasileira: uma abordagem político-econômica", Spring Symposium the Political Economy of the Black World. Los Angeles: Center for Afro-American Studies, UCLA, 10-12 maio 1979, p. 6.

21. J. C. Paredes; A. A. Guzmán, op. cit., 2014, p. 76, tradução livre.

Isso explica a reivindicação presente no documento da 1ª Marcha de Mulheres Indígenas, em 2019, a saber:

> *O movimento produzido por nossa dança de luta considera a necessidade do retorno à complementaridade entre o feminino e o masculino, sem, no entanto, conferir uma essência para o homem e para a mulher. O machismo é mais uma epidemia trazida pelos europeus. Assim, o que é considerado violência pelas mulheres não indígenas pode não ser considerado violência por nós. Isso não significa que fecharemos nossos olhos para as violências que reconhecemos que acontecem em nossas aldeias, mas sim que precisamos levar em consideração, e o intuito é exatamente contrapor, problematizar e trazer reflexões críticas a respeito de práticas cotidianas e formas de organização política contemporânea entre nós. Precisamos dialogar e fortalecer a potência das mulheres indígenas, retomando nossos valores e memórias matriarcais para podermos avançar nos nossos pleitos sociais relacionados aos nossos territórios.[22]*

Ampliam-se, assim, as possibilidades de definição do conceito, propiciando a criação de um "feminismo favelado", que abre portas para problematizações acerca das mulheres socialmente excluídas que, em muitos casos, estão à margem das produções hegemônicas intelectualizadas e conceitualizadas sobre os movimentos feministas.

22. Documento da 1ª Marcha Mulheres Indígenas, 2019.

Sou/Somos borboleta 165

Além disso, dá visibilidade a grande potência de mulheres protagonistas nas suas vidas e na construção de pensamento, nas reformulações de teorias e na reinvenção de conceitos que contribuem para a emancipação e a luta das mulheres por igualdade de raça, gênero, classe e território – considerando seu direito de pluralizar suas existências, experimentar suas contradições e posicionar os debates de acordo com seus pontos de vistas e corpos pulsantes.

> Eu tô no corre desde quando o corre não valia a pena
> E a fé que cês botam hoje foi porque eu limpei
> problemas
> Com cachê é mais bonito
> E a grana vem do sistema
> Cês organizam a rima
> Com métrica, milimétrica, putsline vai com seta
> brinda com sangue e não se afeta
> a rua é nós
> tá tudo certo, esse é o hype que nos preza
> Julga a irmã que vai na pressa, mas não olha a
> própria merda
> personificam a controvérsia que é viver contradição
> quem passou fome de comer ovo
> não respeita quem nem tinha pão
> Esses crias de pele clara vêm com visão adulterada
> Tem mais veia da pátria amada do que resquício de
> África
> mas que segue paramentado, no pescoço tem quilates
> discurso vem afiado

166   *Feminismos favelados*

Romantiza até a fome pra dizer que é de verdade,
pobreza também tem hype
É a cara do pitbull,
mas por dentro é o coragem
Quando vê um preto ascendendo
diz que o preto tá metido
mas investe mais na roupa
do que fala com sentido
Cês são discurso atrasado do aval da democracia
perigoso pois revestido
de falácia com sentido
E eu nem tenho mais idade pra discutir tanto atraso
Se é pra disputar miséria
Eu sou o erro do debate
Não sou minha fome
Seu racismo
Seu machismo
Meu nulo na sociedade
Eu tenho nome,
Tenho vulgo e ano que vem eu tenho lattes.
Depois de tudo
Eu quero empate.
Eu não vou falar mal dos meus
Porque quem fala a gente sabe
Aquilombar por bem ou por mal e
vai ser dentro da cidade
Eu não vou mais falar de dor e
vou perder muito com isso
Eu vou fingir que eu tô bem

Sou/Somos borboleta 167

olhar pras pretas e doar risos
Se meu viver incomodar, dou meia volta e me retiro
Se o julgamento vem dos meus
Eu juro escrevo um livro:
B-A BÁ vai ser o título
Na contracapa vem assim:
APRENDA A IDENTIFICAR SEUS INIMIGOS.
(Carol Dall Farra)

ANCESTRAL, CIRCULAR E ADIANTE — VAMOS DAR UM MERGULHO INTERIOR

No dia em que Ponciá Vicêncio desceu do colo da mãe e começou a andar, causou uma grande surpresa. Ela, até então, se recusava a sentar-se, e engatinhar, ela nunca o fizera. Um dia, a mãe, com ela nos braços, estava de pé junto do fogão a lenha, olhando a dança do fogo sob a panela fervente, quando a menina veio escorregando mole. Veio forçando a descida pelo colo da mãe e pondo-se de pé, começou as andanças. Surpresa maior não foi pelo fato de a menina ter andado tão repentinamente, mas pelo modo. Andava com um dos braços escondido nas costas e tinha a mãozinha fechada como se fosse coto.

Fazia quase um ano que vô Vicêncio tinha morrido, todos deram de perguntar porque ela andava assim. Quando o avô morreu, a menina era tão pequena!

> *Como agora imitava o avô? Todos se assustavam. A mãe e a madrinha benziam-se quando olhavam para Ponciá Vicêncio. Só o pai aceitava. Só ele não se espantou ao ver o braço quase cotó na menina. Só ele tomou como natural a parecença dela com o pai dele.*
>
> (Conceição Evaristo, *Ponciá Vicêncio*)

Após discorrer sobre as lutas das mulheres, teorias feministas e rasuras existentes, insurgentes e necessárias para seguirmos caminhando, elaboro algumas linhas confluentes que conduzam ao resgate desses referenciais epistemológicos subalternizados pela colonialidade, a fim de lançá-los como proposta para repensar as teorizações advindas dos movimentos sociais, bem como recuperar um legado de saberes ancorados na memória, modos de vida, arquivo, registros, oralidade e espiritualidade de uma população que foi e segue sendo dizimada em suas existências objetiva e subjetiva.

> *Senta aqui comigo nessa pedra*
> *Descobre teu drama*
> *Meu sangue*
> *Rio escorre*
> *Vamos dar um mergulho interior*[23]

Recuperemos entre os destroços da colonialidade, o que não pôde ser apagado, contido, exterminado, ou seja,

---

23. A. Assumpção, "Mergulho interior", *Taurina*, 2018 (3:41 min).

aquilo que vazou pelas frestas e que se adensou aos corpos. Aquilo que é encontrado e percebido em múltiplos gestos, linguagens, corpos, espiritualidades. Como sugere Dávalos a respeito das mulheres indígenas:

> Conhecimento significa poder e o poder necessita do saber [buscar]. Mulheres indígenas propõem e trabalham metodologias que surgiram de seus diálogos e vivências, revertendo o ventriloquismo colonial e o distanciamento de continuar estudando o "outro", pois a ciência moderna assumiu um solilóquio em que se fundamenta sua verdade, e suas categorias sempre foram autorreferenciais.[24]

É importante dizer que, diante do apagamento consciente e histórico das memórias e identidades dos contracolonizadores, há uma lacuna a ser preenchida, uma insuficiência que, de minha parte, ainda é sentida ao argumentar e apresentar elementos da minha ancestralidade indígena da etnia Puri. Busco-a como recuperação do poder e para me livrar cada vez mais do *ventriloquismo colonial*, e persisto em falar por mim mesmo reconhecendo que as lacunas produzidas em torno da história dos povos originários são de uma violência imensurável e difícil de superar.

24. P. Dávalos, "Movimiento indígena ecuatoriano: construcción política y epistémica", in Mato, D. *Estudios y otras prácticas intelectuales latinoamericanas en cultura y poder*, 2002, pp. 89-97.

Dito isso, estes escritos são baseados principalmente na relação com o projeto Mulheres ao Vento e versam com mais aprofundamento sobre as culturas africanas e afro-brasileiras, uma vez que o arcabouço de saberes oriundos das práticas culturais e espirituais estiveram mais próximos da minha vida e da minha construção coletiva e comunitária na favela, tendo sido a base epistemológica para a metodologia do projeto, que traz a figura de Iansã/Oiá, uma deusa iorubá, como principal fonte de inspiração. As aulas, as rodas de conversa entre as mulheres e os espetáculos são carregados dessas referências bibliográficas, estéticas e filosóficas.

Para escrever este capítulo e seguir discorrendo sobre o conceito de feminismos favelados, trago a memória ancestral, bem como a necessidade de criar formas de compreensão e leitura das práticas sociais e culturais como práxis enunciativa que emancipa movimentos e me mantém na busca contínua pela minha memória e ancestralidade indígena.

Memória é construção coletiva de afeto, sentimento de pertencimento e comunidade. Desse modo, as histórias que saem da esfera individual para se potencializar no coletivo contam sobre um momento, uma cultura forjada a partir de vivências partilhadas. Ações e gestos cotidianos criam hábitos que formam as características específicas de cada grupo ou comunidade, com valores que vão sendo passados por gerações. Contar histórias pelas vivências e experiências corporais e todos os seus movimentos é uma fonte inesgotável de construção e reconstrução da

Sou/Somos borboleta 171

memória, é ciclo. É ser lagarta, casulo e borboleta. De acordo com Abdias Nascimento,

> *a memória do negro brasileiro é parte e partícipe nesse esforço de reconstrução de um passado ao qual todos os afro-brasileiros estão ligados. Ter um passado é ter uma consequente responsabilidade nos destinos e no futuro da nossa nação negro-africana, mesmo enquanto preservando a nossa condição de edificadores deste país e de cidadãos genuínos do Brasil.*[25]

Conforme o pensamento do intelectual negro brasileiro Abdias Nascimento, a memória é nossa principal fonte de reconstrução do passado, e a potência dessa reconstrução afirma nosso lugar como edificadores deste país, de cidadãos que construíram e constroem o que entendemos como cultura, hábitos, gestos, saberes e vida, por meio dos corpos carregados de significados e memórias coletivas de outros tempos, de passados, presentes e futuros.

A intelectual negra estadunidense Saidiya Hartman, em seu texto "Vênus em dois atos", apresenta não apenas uma metodologia de pesquisa sobre povos que tiveram suas vidas, histórias e memórias apagadas pela violência

---

25. A. Nascimento, "Quilombismo: um conceito emergente do processo histórico-cultural da população afro-brasileira", in E. L. Nascimento (org.), *Afrocentricidade: uma abordagem epistemológica inovadora*, 2009, p. 197-218.

172 *Feminismos favelados*

colonial, como também a necessidade de refletir a partir do ponto de vista dessa lacuna. Tendo em vista o interdito provocado pela morte e pelo silenciamento de milhares de pessoas, seja no processo de escravização ou no de colonização e morte de indivíduos negros e indígenas, para "contar" essas memórias-histórias a autora propõe o exercício da *fabulação crítica* como ferramenta de recuperação e sujeição:

> *A intenção aqui não é nada tão milagroso quanto seria recuperar a vida dos escravos ou redimir os mortos, mas é melhor trabalhar para "pintar um quadro" sobre a vida dos cativos (escravizados) com a maior completude que for possível.*
>
> *Este duplo gesto pode ser descrito como um esforço contra os limites dos arquivos de memória para escrever uma história cultural do cativo e, ao mesmo tempo, encenar a impossibilidade de representar a vida dos cativos precisamente através do processo de narração.*
>
> *O método que guia esta prática de escrita é melhor descrito como <u>fabulação crítica</u>.*
>
> *"Fábula" denota os elementos básicos da história, os blocos de construção da narrativa.*
>
> *[...] O resultado desse método é uma "narrativa recombinante" que "circunda os fios" de relatos incomensuráveis e que tece presente, passado e futuro ao recontar a história.*[26]

26. S. Hartman, *Vênus in two acts.* sx 26, 2008, s/p. [Ed. bras. "Vênus

Recuperar essa memória é também um exercício de leitura de práticas culturais internalizadas no cotidiano. É saber olhar e compreender as raízes que sustentam esses saberes. Em alguns cultos espirituais de matriz africana iorubá, realiza-se o *xirê* – palavra de origem iorubá que significa *roda* ou *dança* para evocar e para louvar os orixás, ou seja, uma roda em que todas as entidades adoradas/louvadas ou incorporadas são convidadas a dançar e contar suas histórias.[27]

No candomblé da Nação de Ketu, por exemplo, há uma sequência específica e pré-determinada a partir de diferentes preceitos para o toque de cada orixá. Os toques são oriundos dos tambores, os atabaques denominados *rum* que tocam uma melodia singular para a introdução daquele orixá na roda. Esse toque e essa introdução marcam o momento de o orixá contar sua história por meio da dança no xirê.

A história é contada por meio da dança, num ritual com movimentos que encenam, de modo geral, as características daquele orixá, apresentando seus principais feitos e habilidades. Com essa marca ancestral de contar história a partir do corpo, do ritual, da dança, do som e do movimento é que construímos nossas identidades, nossas manifestações culturais negras, afro-brasileiras e

---

em dois atos", in *Pensamento negro radical: antologia de ensaios*. São Paulo: Crocodilo, 2021.]

27. F. C. R. Alves, *Xirê: o ritual como performance entre a cultura e o corpo*, 2017.

ameríndias, sendo o xirê um grande exemplo de estratégia e tecnologia social de manutenção da memória e edificação da cultura brasileira.

O candomblé, nas culturas de matriz africana no Brasil, por exemplo, é fruto da diáspora africana experienciada a partir do tráfico transatlântico de seres humanos e teve como resultado direto a inserção de grupos étnicos, como os iorubás, no território brasileiro. Ainda que hoje possamos considerar a espiritualidade afro-brasileira como uma prática criada e reinventada pelos povos africanos que aqui pisaram, também é possível afirmar que nem sempre tenha sido assim.

Por meio da oralidade, das construções cotidianas dentro dos terreiros de candomblé e de outros espaços de manifestação das espiritualidades afro-brasileiras, com a contação dos *itãns* sobre os orixás e seus feitos, é possível saber que, em território africano, cada povo tinha um único orixá, ou seja, o ancestral representante daquele povo.

De acordo com Alves, em Ifon, por exemplo, cultuava-se apenas Oxalá e todos os nascidos naquele território pertenciam a esse orixá. Isso se repetia com Oxóssi, em Ketu, com Oxum, em Osogbo, com Logun Edé, em Ilesa, e com Xangô, no reino de Oyó.[28]

Com isso exposto, tem-se um processo de ressignificação e uma nova forma de organização do culto de matriz de africana a partir da junção de memórias,

28. Ibid., p. 10.

Sou/Somos borboleta

lembranças e hábitos pertencentes a diferentes grupos étnicos, que foram trazidos forçadamente ao Brasil colônia, de forma desumanizada e misturada nos navios negreiros, sem distinção entre as nações e toda sua diversidade.

Arrancadas de suas nações originais, as pessoas negras se viram compelidas a se unir em força e fé para continuar louvando seus ancestrais deificados, reconhecidos como orixás. É nesse contexto brasileiro que os deuses foram deixando de ser louvados de forma individual, associados a determinado território, e pela primeira vez passaram a ser homenageados em um extenso panteão único de aproximadamente dezesseis deuses. Alves esclarece que

> *novas formas de entendimento do divino, nesse caso a manifestação simultânea dos orixás, geraram novas formas de culto e ritualização do mesmo. Se antes não havia necessidade de um ritual que dignificasse todos os orixás ao mesmo tempo, mas apenas um, agora era necessário um ritual que evocasse o poder de todos em um único momento litúrgico. A síntese desse processo é o ritual/dança circular que se conhece como Xirê. Ou seja, um ritual de extrema importância dentro dos terreiros de candomblé, pois, ao mesmo tempo, louva o sagrado e mantém a memória dos povos expatriados.*[29]

29. Ibid., pp. 11-12.

O xirê é um exemplo de como a memória negra coletiva é fundamental para seguirmos rasurando duas categorias canônicas da colonialidade: tempo e espaço, provocando dobras, fissuras e rasuras ao propor formas plurais de ver o mundo e de vislumbrar a existência por meio das sabedorias encarnadas nos esquemas corporais, que recriam mundos e maneiras de continuar vivendo. "Essa dinâmica só é possível por meio do corpo, o 'suporte' de saber e memória que, nos ritos, reinventa a vida e ressalta suas potências."[30]

Como uma tecnologia e um dispositivo de reinvenção da vida, o ritual do *xirê*, ao ser realizado em círculo e em percurso anti-horário, ou seja, contrário à lógica hegemônica circular, tem como premissa performar uma volta no tempo para que, nesse momento, se faça contato com um passado que também é presente. Por meio do aprendizado manifesto nas danças, nas corporificações evocativas, se constroem futuros, referências e vidas possíveis e encantadas. É a personificação de um princípio filosófico africano presente nos adinkras dos povos Acã: a filosofia do *sankofa*, que, em tradução literal, significa "volte e pegue/busque". O xirê é essa volta ao passado que preenche o presente e recria futuros.

São existências metamorfoseadas. Cíclicas. Que criam vida em outras vidas. Lagarta-casulo-borboleta.

---

30. L. A. Simas; L. Rufino, *Fogo no mato: a ciência encantada das macumbas*, 2017, p. 49.

Oní laba-lábá, lábá ó
Oní labalabá, labá ô[31]

Conceição Evaristo, no romance *Ponciá Vicêncio*, publicado em 2003, e citado na epígrafe deste capítulo, nos leva a pensar sobre a memória e o fato de ela vazar por entre a égide da colonialidade. Essa memória nos faz perceber como seres incompletos e amputados. Carregamos sempre em nossos potentes corpos a marca de um trauma oriundo do sequestro transatlântico. Uma ferida colonial que é também uma memória significada e reinventada a partir da ausência e, por isso, forjada na lacuna, na síncopa, traduzida como uma parte que falta.

Esse vazio é a ruptura que forçou milhares de seres humanos para uma reorganização ontológica a partir da dor e da fragmentação e, ao mesmo tempo, para a criação de possibilidades de seguir existindo a partir dessa "amputação" – tão bem exemplificada na história de Ponciá Vicêncio, na metáfora sobre a parecença com o avô e seu braço "cotó" e a "herança" deixada por ele a ela.

Vô Vicêncio, na história escrita por Conceição Evaristo, teve seu braço amputado em um momento de desespero e na tentativa de tirar a própria vida,[32] mostrando quão profundo o trauma colonial pode ser e quantas gerações ainda têm que existir com essa "herança". Existir

---

31. Ponto (cantiga) de Oiá, em iorubá, que significa "Ela é uma borboleta". A. B. Oliveira, *Cantando para os Orixás*, 2007, p. 118.

32. C. Evaristo, *Ponciá Vicêncio*, 2003.

178   *Feminismos favelados*

a partir dessas faltas e lacunas, tentando recuperar sua memória e sua ancestralidade enquanto buscam informações das suas linhagens familiares. Produzir existências é um exercício de dor, mas também potente fonte de aprendizado sobre reexistência.

A partir do entendimento da memória negra e indígena como produção de existência fundamental para a reinvenção da vida, apesar das marcas provocadas pelas feridas e pelo trauma colonial, reflito sobre trazer luz aos mais diversos mecanismos de sobrevivência criados e passados de geração em geração pelas mulheres como exemplo de dispositivos metodológicos nos feminismos favelados. Destaco o projeto Mulheres ao Vento como práxis para visibilizar essas histórias que foram atravessadas nos corpos. São essas práticas que mantêm a vida cotidiana, contribuindo significativamente com a propagação de saberes, procedimentos, lembranças e memórias, tornando o passado presente e o presente um futuro autorreferenciado e cheio de possibilidades.

Oiá feliz se transformou outra vez em uma bela borboleta.
E saiu através dos ventos[33]

---

33. *Itã* de Oiá. V. D'logun-Edé, Awure. "Por que Oyá se transforma em borboleta e está associada a ela", Disponível em: <http://awure.jor.br/home/por-que-oya-se-transforma-em-borboleta-e-esta-associada-a--esta/>. Acesso em jun. 2019.

CORPO, ENCANTAMENTOS E MEMÓRIAS

Eu sou um corpo, um ser, um corpo só,
tem cor, tem corte,
e a história do meu lugar,
eu sou a minha própria embarcação.
Sou minha própria sorte.
(Luedji Luna, "Um corpo no mundo")

Ao entender a experiência de um corpo no mundo a partir do olhar unificado das experiências subjetivas e objetivas que ele vivencia durante a vida, atentando ao fato de que a vivência é uma experiência de unidade por essência, se torna impossível considerar uma dissociação entre corpo e mente. Esse tipo de compreensão vai na contramão de pensamentos filosóficos ocidentais hegemônicos, principalmente os presentes no período iluminista europeu, que além de propor uma separação entre corpo e mente, super valorizaram a compreensão de "mente" em detrimento da compreensão de "corpo" em suas produções científicas.

As relações e discussões sobre corpo e mente ocupam um lugar de debate "clássico" no campo da filosofia ocidental. Afirmo isso, porque mesmo dentro do campo epistemológico eurocêntrico esse debate se constitui a partir de uma série de disputas epistêmicas. Reconheço e agrego neste estudo algumas contribuições de pensadores europeus que defenderam uma integração entre corpo e mente a partir de um olhar para o corpo como um corpo "somático", como o filósofo François Delsarte (1811-1877),[34] por exemplo, que, mesmo inserido na cultura eurocêntrica, influenciou formas alternativas sobre o entendimento do corpo. No campo de estudos da dança, ainda que a partir de uma lógica eurocêntrica, houve o entendimento da fenomenologia para se pensar o corpo na arte.

E a fenomenologia, de acordo com José Gil,

> *teve o mérito de considerar o corpo no mundo. Não se trata de uma perspectiva terapêutica (embora tenha dado origem a toda uma escola psiquiátrica), mas do estudo do papel do "corpo próprio" na constituição do sentido. A noção de corpo próprio compreende, ao mesmo tempo, o corpo percebido e o corpo vivido, em suma, o corpo sensível, a "carne" de Husserl, Merleau-Ponty e Erwin Strauss.*[35]

A partir do ponto de vista eurocêntrico sobre corpo e mente, é curioso pensar que a forma de ver o corpo de maneira una, sem juízo de valor entre mente e corpo, é também um discurso a ser disputado dentro das próprias epistemologias hegemônicas. Há algum tempo, foram e vão sendo feitas diversas contribuições para a compreensão do corpo não mais como um instrumento de

34. J. R. Madureira, "Fançois Delsarte: personagem de uma dança (re) descoberta", 2002.
35. J. Gil, *Movimento Total*, 2004, p. 55.

manipulação e de sobreposição à mente, mas como a própria possibilidade de ser e estar no mundo, aqui e agora.

No entanto, mesmo frisando o entendimento sobre corpo e mente a partir da perspectiva eurocêntrica, busco referenciais para esse entendimento que partam de lógicas, fontes e formas de ver o mundo que vão contra o epistemicídio sistemático do qual a população negra tem sido refém, com sua episteme expropriada e invisibilizada durante anos.

O corpo é inspiração para aprofundamentos teóricos de diferentes pontos de partida, pois se trata de uma construção cultural e social carregada de emoções, sentidos e sensibilidades que são resultado de todas as relações sociais que atravessam o tempo e a historicidade, definindo formas de ser, agir, estar, mover, pensar e criar.

A partir das cosmogonias africanas e afro-brasileiras registradas por meio das práticas litúrgicas de matriz africana, aprende-se que o corpo é carregado de axé. Axé é a energia vital presente em todos os elementos da natureza, logo sem axé não há corpo, não há memória, não há gesto, não há som.

"O corpo é um portal que, simultaneamente, inscreve e interpreta, significa e é significado, sendo projetado como continente e conteúdo, local, ambiente e veículo da memória".[36] Por isso, o corpo é axé. O corpo é terreiro. O corpo é quilombo.

---

36. L. Martins, "Performance do tempo espiralar", in G. Ravetti; M. Arbex (orgs.), *Errâncias territoriais e textuais*, 2002.

Beatriz do Nascimento, em seus escritos poéticos, define essa ideia de corpo negro a partir de significados subjetivos construídos por meio da memória e das lacunas que formam a história do Brasil e suas resistências. Ela diz:

Corpo/mapa de um país longínquo que busca outras fronteiras, que limitam a conquista de mim.
Quilombo mítico que me faça conteúdo da sombra das palavras.
Contornos irrecuperáveis que minhas mãos tentam alcançar.[37]

No trecho anterior, Beatriz do Nascimento associa o entendimento de *corpo* ao mapa de um país em busca de outras fronteiras. Um quilombo mítico capaz de fazer "conteúdo da sombra das palavras". A autora traça uma relação direta e conectada com as criações de existências possíveis de significação do corpo em um espaço reinventado e em busca de outras fronteiras. Um corpo que precisa recuperar e recriar tempos e espaços para resignificar um lugar de eterno forasteiro – esse eterno "amputado". Um corpo que é construído na sombra da palavra, ou seja, no silêncio da voz e na comunicação pelo gesto e pelo movimento na síncopa, ou seja, na lacuna e, por isso, feito na dança, no ritual. Essas ações produzem reexistências. De acordo com Muniz Sodré,

37. A. Ratts, *Eu sou atlântica: sobre a trajetória de vida de Beatriz Nascimento*, 2006, p. 68.

um corpo dinamizado no axé é um corpo em movimento – é Exu, orixá que é princípio de imprevisibilidade e possibilidades que dá o tom dos sincopados, das lacunas, quebrando a constância, a norma, a métrica, propondo reinvenções, propondo caminhos múltiplos, outros, atalhos, fugas, encontros, desencontros e dança. "É o impulso de Exu que leva o corpo a garimpar a fala".[38]

A sombra das palavras e o garimpo da fala é, então, o movimento, ao qual aqui me refiro como dança, pois segundo Garaudy,

dançar é, antes de tudo, estabelecer uma relação ativa entre o homem e a natureza, é participar do movimento cósmico e do domínio sobre ele. A dança é então um modo total de viver o mundo: é a um só tempo, conhecimento, arte e religião.[39]

Pensar no corpo é pensar a dança como "um modo total de viver o mundo", assimilando significados como os entendidos por Muniz Sodré, ao relacionar corpo, Exu e síncopa:

a insistência da síncopa e sua natureza interativa constituem o índice de uma diferença entre dois modos de significar musicalmente (<u>cenicamente/racialmente</u>) o tempo, entre a constância da divisão rítmica

38. M. Sodré, *Samba, o dono do corpo*, 1998, p. 68.
39. R. Garaudy, *Dançar a vida*, 1980, p. 14.

(existencial/corporal/cosmogônica) africana e a necessária mobilidade para acolher as variadas influências brancas. Entre o tempo fraco e o forte, (a síncopa) irrompe a mobilização do corpo, mas também o apelo a uma volta impossível, ao que de essencial se perdeu com a diáspora negra.[40]

Afirmo, neste estudo, que realizar um projeto de dança dentro de um território favelado e com mulheres faveladas, a partir de dispositivos metodológicos de epistemologias oriundas de culturas africanas que atravessaram corpos negros no Atlântico, é uma tentativa de construir e reconstruir um corpo cênico ritualizado e carregado de mito. O que possibilita recriar novas formas e leituras de mundo em que opressões não existam e que mulheres da Maré, por meio de Iansã/Oiá e de todas as iabás (orixás femininas) com seus ensinamentos fundamentais que ancoram as epistemes dos feminismos favelados, possam realizar uma "volta impossível ao que se perdeu". Um xirê ontológico, uma brecha no tempo para reexistir. Para Simas e Rufino,

os corpos negros transladados nos fluxos da diáspora africana são também terreiros que significam, através de suas práticas, outras possibilidades de invenção da vida e de encantamento do mundo. Pensar o corpo como terreiro parte da consideração que o mesmo é assentamento de saberes e é devidamente encantado.

40. M. Sodré, op. cit., p. 67, grifos meus.

[...] *Ritos vigoram esses corpos os potencializando ao ponto que os saberes assentados nesses suportes corporais, ao serem devidamente acionados, reinventam as possibilidades de ser/estar/praticar/encantar o mundo enquanto terreiro.*[41]

Seguindo o pensamento que considera como corpos-terreiros os corpos negros que atravessaram o Atlântico, somado ao entendimento proposto por Beatriz do Nascimento de corpo-quilombo, assenta-se uma forma afro-brasileira de pensar o corpo como lócus de alteridade negra, forjado a partir das práticas aprendidas através do tempo, por meio do gesto, do olhar, da oralidade, da ancestralidade. Um corpo-oral, como a intelectual negra Tatiana Damasceno nos leva a pensar:

As tradições afro-brasileiras englobam performances como a música, a dança e diversas outras práticas intermediadas pelo corpo-oral, em seus rituais privados e públicos. Neste sentido, o corpo-oral é o principal canal de expressão e de comunicação com o sagrado. As práticas por eles [negros e negras] *organizadas encontraram na linguagem dos gestos, dos movimentos, das palavras e dos sons seu principal veículo de expressão.*[42]

41. L. A. Simas; L. Rufino, *Fogo no mato: a ciência encantada das macumbas*, 2017, p. 50.
42. T. M. Damasceno, *Fé no Corpo: vestígios de recordações num corpo passante*, 2016, p. 8.

De acordo com Sodré,[43] "todo ritmo que o indivíduo adere leva-o a reviver um saber coletivo sobre o tempo, onde não há lugar para angústia, pois o que advém é alegria transbordante da atividade". Ou seja, pelo movimento induzido do recuperar de elos são produzidas continuidades, logo, promover a exaltação do corpo-oral é positivar a forma como as mulheres faveladas veem seus corpos. O Mulheres ao Vento através de Iansã/Oiá busca enaltecer e alertar para os significados de corpos-terreiros, corpos-quilombos, corpos-orais, corpos suportes de saber e memória que se potencializam através de ritualizações do tempo/espaço e encantam a vida. Produzimos ali teorias sobre lutas e agências de mulheres, construímos um feminismo favelado.

Ao posicionar e direcionar esse entendimento de corpo para o corpo negro e indígena feminino, viso complexificar as dimensões de corpo-oral/corpo-quilombo/corpo-terreiro/corpo-território a partir de um olhar interseccional que tem na junção das opressões formas específicas de leituras de mundo. É imperativo pontuar que esse corpo é potente e cheio de possibilidades.

O foco das construções e reconstruções do ser e a produção de significados a partir do que se entende como corporeidade feminina negra e indígena urgem ser esmiuçados e olhados com mais atenção. Sobretudo quando consideramos o fato de essa corporeidade ter sido historicamente alvo de exclusão e humilhação por atitudes

43. M. Sodré, *Samba, o dono do corpo*, 1998, p. 21.

Sou/Somos borboleta 187

socioculturais adquiridas desde o período da escravidão, de forma específica por ser mulher e não branca (e muitos outros marcadores de opressão que possam se interseccionar), reconhecendo como a intersecção das opressões requer estratégias específicas de enfrentamento.

Lélia Gonzalez exemplifica os processos de violência a que os corpos e as subjetividades das mulheres negras estão submetidos quando expostos em diferentes contextos e situações:

> *Tem uma música antiga chamada "Nêga do cabelo duro" que mostra direitinho porque eles querem que o cabelo da gente fique bom, liso e mole, né? É por isso que dizem que a gente tem beiços em vez de lábios, fornalha em vez de nariz e cabelo ruim (porque é duro). E quando querem elogiar a gente dizem que a gente tem feições finas (e fino se opõe a grosso, né?). E tem gente que acredita tanto nisso que acaba usando creme prá clarear, esticando os cabelos, virando leidi e ficando com vergonha de ser preta.*[44]

É necessária uma atuação direcionada para essa problemática, de forma a ampliar as discussões que considerem relevante o entendimento sobre corporeidade na produção de subjetividade dos indivíduos, e seguir gritando aos ventos de Oiá, propagando todos os processos

---

44. L. Gonzalez, "Racismo e sexismo na cultura brasileira", *Revista Ciências Sociais Hoje*, Anpocs, 1984, pp. 223-244.

de reinvenção da vida que foram e são fundamentais para reconstruir diferentes modos de viver presentes na cultura brasileira. Um chamado para os encantamentos dos corpos-territórios femininos.

A fala de Maria Felipa a respeito do projeto Mulheres ao Vento demonstra as relações matriarcais como potentes ferramentas para o resgate da autoestima:

Minha mãe participava de danças folclóricas e ela sempre me chamava pra ver e eu nunca ia. Ela já até faleceu, eu entrei no projeto e me vi espelhada na minha mãe, porque minha mãe era negra, era uma mulher negra e uma pessoa guerreira, então me vejo através dela. Uma mulher guerreira porque ela criou três filhos sozinha, então isso [vivências do projeto], pra mim, me faz lembrar muito dela. Quando me vejo no espetáculo, me identifico com a minha mãe, quando tem as falas que me apresento sozinha, me vejo incorporada na minha mãe, porque ela foi minha autoestima. O Mulheres ao Vento foi onde me fez ver meu outro lado, meu outro eu que estava até escondido.

É por meio de um pensamento sobre corpo e a partir de dispositivos epistêmico-metodológicos acionadores de uma memória coletiva que se tem nas mulheres faveladas uma força potente de recriação. Assim como Maria Felipa, que ao se sentir em um lugar de "poder" e evidência corporal, como em um espetáculo cênico, por exemplo, se remete à mãe negra como referencial de força e

Sou/Somos borboleta 189

garra. Ela se sentiu inspirada a ponto de "se ver incorporada" em sua mãe quando está em cena com o corpo negro feminino em evidência em um lugar de potência. Um corpo-terreiro, recriando e interpretando formas de ver o mundo por meio da arte, da dança e do movimento. São esses os saberes estético-corpóreos para os quais a intelectual negra brasileira Nilma Lino Gomes atenta, em seu livro *O movimento negro educador*:

> *São esses saberes que rivalizam com o lugar de não existência da corporeidade negra imposto pelo racismo. Eles afirmam a presença da ancestralidade negra e africana inscrita nos corpos negros como motivo de orgulho, como empoderamento ancestral. Realocam a negra e o negro no lugar da estética e da beleza.*[45]

Corpos racializados negros ou indígenas não são errados, despadronizados, por terem traços duros ou grossos, como querem que a gente acredite. Mulheres negras, por exemplo, são memórias corporais de *Ialodês* e *Geledés* nesse nosso corpo-quilombo mítico. De acordo com Teresinha Bernardo,

> *Ialodê era uma associação feminina, cujo nome significa "senhora encarregada dos negócios públicos". Sua dirigente tivera lugar no conselho supremo dos chefes*

45. N. Gomes, *O movimento negro educador: saberes construídos nas lutas por emancipação*, 2017, p. 80.

urbanos e era considerada uma alta funcionária do Estado, responsável pelas questões femininas, representando, especialmente, os interesses das comerciantes.

Enquanto Ialodê se encarregava da troca de bens materiais, a sociedade Gueledé era uma associação mais próxima da troca de bens simbólicos. Sua visibilidade advinha dos rituais de propiciação à fecundidade, à fertilidade — aspectos importantes do poder especificamente feminino.

[...] Percebe-se, assim, que a mulher iorubá, além de deter o saber de usar a autonomia que a própria família poligínica lhe possibilitou, tornou-se a mediadora de bens materiais e simbólicos; e foi, ainda no século XVIII, fundadora de associações femininas importantes.[46]

É a partir dessas referências que contamos nossas histórias, criamos nossas fábulas críticas para preencher lacunas, produzimos e damos sequência à nossa vida; não de forma individualizada, mas em comunidade, pois assim nos reconfiguramos em uma coletividade, na qual a individualidade e a humanização do sujeito não são questões postas em pauta.

Nas práticas culturais e sociais de pessoas indígenas e negras, o entendimento de comunidade perpassa a assunção da condição de humanidade do outro. Ainda que haja

---

46. T. Bernardo, *Negras, mulheres e mães: lembrança de Olga de Alaketu*, 2003, p. 6.

Sou/Somos borboleta 191

conflitos étnicos, territoriais e geracionais, na premissa de dominação eles não se amalgamam à subjugação da condição de humanidade, que faz com que um grupo, ao impor uma hegemonia de poder, incida sobre o mundo uma supremacia calcada no extermínio físico e simbólico, com o apagamento do corpo, do território, da vida e da organização social de milhares de seres humanos.

Mulheres negras e mulheres indígenas, em suas mais variadas formas de existência e plenitude, sempre foram deusas, chefes, poderosas e articuladoras das suas próprias vidas, além de agenciadoras do seu próprio corpo-território. Para Eliane Potiguara:

> *Mulher indígena!*
> *Que muito sabes deste mundo*
> *com a dor ela aprendeu pelos séculos*
> *A ser sábia, paciente, profunda.*
> *[...] Mas luta, raiz forte da terra!* [47]

ESCREVIVÊNCIA CORPORAL — A LINGUAGEM DO CORPO-TERRITÓRIO

> *RESIDÊNCIA*
> *Ouvi do meu pai que minha avó benzia*
> *e meu avô dançava*
> *o bambelô na praia, e batia palmas*

47. E. Potiguara, *Metade cara, metade máscara*, 2004, p. 24.

com as mãos encovadas
ao coco improvisado,
ritmando as paixões
na alma da gente.
Ouvi do meu pai que meu avô cantava
as noites de lua e contava histórias
de alegrar a gente e as três Marias.

Meu avô contava:
a nossa África será sempre uma menina.
Meu pai dizia:
ô lapa de caboclo é esse Brasil, menino!
E coro entoava:
dançamos a dor,
tecemos o encanto
de índios e negros
da nossa gente.
(Graça Graúna)

No decorrer do texto, discorremos acerca do corpo, da representatividade e dos sentidos subjetivos e objetivos que atravessam a vida de mulheres negras e indígenas e que nos conduzem a pensar nas relações que se estabelecem entre corpo, mundo e as diversas possibilidades de contar histórias. Atividades que têm o corpo como foco e suas possibilidades de representação são fundamentais para o empoderamento dessas mulheres e para visibilizar a urgência em ampliar o entendimento de corpo e dança como de linguagem e escrita.

Pensar a dança e as produções artísticas dentro da categoria linguagem e escrita é um exercício que este livro também se propõe a fazer em consonância com as reflexões de diversos autores que defendem o lugar do gesto, do movimento como fonte primordial de comunicação, organização, criação e recriação.

É necessário compreender que o significado atribuído à linguagem verbal só é possível à medida que formos capazes de imaginar algo, ativando nossa mente e nosso corpo para a construção dessa linguagem. Os artifícios da linguagem verbal, na verdade, são resultado da interação do corpo com o mundo, como afirmam Rengel e Ferreira:

> O significado na linguagem verbal se faz a partir da percepção corpórea, ou seja, da associação das construções não verbais (a interação com o ambiente físico, as experiências sensórias motoras – o tato, a visão, o olfato etc. – com as verbais – os signos linguísticos). A dependência da linguagem verbal das construções não verbais é que gera a significância das coisas, por isso o corpo, em todos os seus aspectos, suas instâncias e modo de operar, desempenha um importante papel cognitivo na estruturação da linguagem, seja ela qual for, inclusive a linguagem da dança.[48]

48. P. C. Ferreira; L. P. Rengel, "Dança: escrita metafórica do corpo como linguagem que traz a memória traçada", *Dança*, Salvador, vol. 1, n. 1, jul./dez. 2012, p. 24.

Tomando o entendimento do corpo como linguagem e suas manifestações e movimentos como forma de expressão, se evidencia que o corpo é a base da comunicação linguística, uma vez que ele está presente na comunicação de forma não verbal como agente indispensável para troca, fala e escuta, principalmente para expressar subjetividades formadas pelas marcas/histórias de vida dos indivíduos.

A compreensão de escrita e linguagem, de acordo com Rengel e Ferreira, se amplia quando um corpo marcado por diversos atravessamentos ganha uma dimensão de comunicador, pois a palavra "escrita" só existe porque o corpo se *sentepensapercebe* como escrito e escritor. Ele traça e é traçado por emoções, pensamentos, leituras, cenas de dança.[49]

A escritora Conceição Evaristo forja o conceito de *escrevivência* como uma prática de legitimação de sua experiência vivida como mulher negra impressa nas suas palavras escritas. Provocando, desse modo, fissuras nas ideias canônicas que pressupõem e impõem uma neutralidade, que pela colonialidade de poder é inexistente e somente fomentada com o intuito de manter o *status quo* dessa relação desigual.

No entanto, Conceição, ao elaborar este conceito, o coloca não somente como um contraponto à prática colonial, mas como uma práxis inerente à existência e, por isso, indissociável do ser. Conceição apresenta o que chamo

49. Ibid., p. 28.

Sou/Somos borboleta 195

aqui de "obviedade inaugural" ao explicitar a condição de humanidade (óbvia para quem a vive) de forma inaugural (impondo sua existência e provocando "surpresas" para quem nunca precisou disputar essa condição e/ou reconhecê-la em outros indivíduos), simplesmente por dizer que sua escrita é contaminada (a escolha por esse adjetivo demonstra essa relação) pela sua condição enquanto mulher negra. E que não está a serviço da manutenção dessas relações de poder. A autora afirma que

> *a escrevivência seria escrever a escrita dessa vivência de mulher negra na sociedade brasileira. Acho muito difícil a subjetividade de qualquer escritor ou escritora não contaminar sua escrita. De certa forma, todos fazem uma escrevivência, a partir da escolha temática, do vocabulário que se usa, do enredo a partir de suas vivências e opções. Toda minha escrita é contaminada por essa condição. É isso que formata e sustenta o que estou chamando de escrevivência.*
>
> *[...] Nossa escrevivência não pode ser lida como histórias para "ninar os da casa-grande" e sim para incomodá-los em seus sonos injustos.*[50]

Ao encontrar com a genialidade de Conceição Evaristo exposta neste conceito e no reconhecimento da ausência

---

50. C. Evaristo, "Da grafia-desenho de minha mãe: um dos lugares de nascimento de minha escrita", in M. A. Alexandre (org.), *Representações performáticas brasileiras*, 2007.

de controle sobre a "contaminação" de nossa condição de humanidade impressa nas nossas produções intelectuais, ousei agregar a este conceito a palavra *corporal* com o intuito de provocar uma investigação sobre as epistemologias subalternizadas que *contaminam* toda nossa forma de ser e estar no mundo, teorizar e criticar, sobretudo produções e práticas artísticas que acentuam o corpo como foco dessa produção teórica.

Atividades que têm o corpo como foco e suas possibilidades de representação são fundamentais para forjar novos imaginários representativos capazes de promover o empoderamento de seres humanos que foram e seguem sendo, de forma sistemática, oprimidos e subalternizados por apenas serem quem são. Produzir intelectualmente a partir de suas vidas visibiliza a urgência de ampliar a compreensão sobre corpo e performances artísticas como linguagem e escrita.

Tomando a ideia de corpo e de dança como linguagem, e ampliando-a para a escrita do corpo, penso a escrevivência como a escrita contaminada pela vivência, alargando seu significado e possibilitando um novo entendimento com ênfase na escrita comunicada pelo corpo. A escrevivência corporal se torna, então, uma categoria analítica possível para construir epistemologias sobre vida, relações e gestos cotidianos.

A própria definição de escrevivência é, em suma, carregada de movimento e atravessada por todas as condições de quem a realiza. O fragmento a seguir deixa visível a relação entre *escreviver* e o corpo, trazendo o

Sou/Somos borboleta 197

cotidiano e seus movimentos como lócus de investigação sobre epistemologias estruturalmente invisibilizadas. Na experiência vivida de Evaristo:

> talvez o primeiro sinal gráfico, que me foi apresentado como escrita, tenha vindo de um gesto antigo de minha mãe. Ancestral, quem sabe? Pois de quem ela teria herdado aquele ensinamento, a não ser dos seus, os mais antigos ainda? Ainda me lembro, o lápis era um graveto, quase sempre em forma de uma forquilha, e o papel era a terra lamacenta, rente as suas pernas abertas. Mãe se abaixava, mas antes cuidadosamente ajuntava e enrolava a saia, para prendê-la entre as coxas e o ventre. E de cócoras, com parte do corpo quase alisando a umidade do chão, ela desenhava um grande Sol, cheio de infinitas pernas. Era um gesto solene, que acontecia sempre acompanhado pelo olhar e pela postura cúmplice das filhas, eu e minhas irmãs, todas nós ainda meninas. Era um ritual de uma escrita composta de múltiplos gestos, em que todo corpo dela se movimentava e não só os dedos. E os nossos corpos também, que se deslocavam no espaço acompanhando os passos de mãe em direção à página-chão em que o Sol seria escrito. Aquele gesto de movimento-grafia era uma simpatia para chamar o Sol. Fazia-se a estrela no chão.[51]

51. C. Evaristo, op. cit., 2005, p. 20.

Com a ideia de movimento-grafia, penso na criação de um conceito. A intelectual Vilma Piedade, em seu livro *Dororidade*, revela que criar conceitos como uma mulher negra e não como "filósofa" a coloca diretamente em uma disputa linguística, uma vez que envolve significado e significante. A autora cita e relembra o conceito do pretoguês, mencionado anteriormente, criado por Lélia Gonzalez para ilustrar que a disputa no campo da linguagem e da filosofia é também localizada nos enfrentamentos das estruturas opressivas que marcam as relações de raça, classe e gênero.

Agora, me proponho a forjar o conceito de escrevivência corporal amparada nas mulheres que vieram antes de mim e abriram caminhos mostrando como fazer. Elas me ensinam que os conceitos, uma vez criados, podem carregar múltiplos significados e significantes, ou seja, estão sempre em movimento, assim como a vida, a dança, o corpo. Para Vilma Piedade,

> conceito não é algo acabado, pronto, imutável e descolado do seu tempo. É circular. Um conceito nunca está pronto, definitivo e imutável. O movimento é a sua marca. Movimento histórico, ideológico. Movimento. Multiplicidade. Crítica.[52]

Dando continuidade ao que está sendo compreendido como escrevivência corporal, vejo um caminho

---

52. V. Piedade, *Dororidade*, 2018, p. 17.

metodológico para absorver e teorizar sobre o que nomeei como *feminismos favelados*: o encontro de pertencimentos raciais ancestrais reunidos em coletivo nas favelas desses *Brasis* e que, não por coincidência, agrupam descendentes de grupos, cujo conhecer, ler e escrever e disseminar histórias pouco importam para uma lógica de dominação e exploração.

A criação desses conceitos, metodologias e dispositivos analíticos sobre a prática, a vida e o resgate ancestral contribui para pensar acerca do papel fundamental de várias manifestações da cultura afro-brasileira e ameríndia, uma cultura diaspórica. Atentando para quem são as responsáveis pela manutenção e reinvenção desta cultura e que, durante anos, seguem em processos de invisibilidade, expropriação de epistemicídio sistemático. A cultura brasileira, imantada de práticas culturais/sociais afro-diaspórica e ameríndia, é reconhecida pela sua intensidade de significados e complexidade criativa, e foi, e ainda é, construída e solidificada à base de processos de reinvenção e resistências físicas, psicológicas, espirituais e subjetivas de várias organizações étnico-sociais.

As grandes guardiãs dessas histórias trouxeram, pelos seus corpos, pelos seus movimentos e pela sua oralidade, um modo de viver que durante anos foi passado de geração para geração, formando comunidades, se consolidando a partir de experiências encruzilhadas que iniciavam antes mesmo de cruzarem o Atlântico no navio negreiro, antes mesmo da colonização e da invasão europeia. São processos de transculturação[53] fundamentais para que hoje possamos entender os mais variados modos de vida existentes no continente africano e/ou os diversos grupos étnicos dos povos originários nas Américas. Para a Mãe Beata de Yemonjá,

> *essa encruzilhada aqui é um espaço de confluência e recriação cultural. É um espaço em que várias culturas africanas trazidas ao Brasil confluem e são recriadas, devorando e reinterpretando, nesse processo, elementos culturais indígenas e europeus.*[54]

Um exemplo da complexidade dessas relações pode ser retirado de um fragmento de uma entrevista na qual o pesquisador Jairo Severiano[55] fala sobre a cantora negra brasileira Clementina de Jesus.[56] Ele diz: "Com seu canto vigoroso, rascante, inusitadamente grave, suas cantigas primitivas e impregnadas de negritude, alguns em dialeto africano, Clementina de Jesus é a prova cabal da presença da África em nossa música popular".

53. O fenômeno da transculturação ocorre quando uma comunidade adota as formas culturais de outra, substituindo, em certa medida, suas próprias práticas culturais. Este conceito foi difundido nos estudos do antropólogo cubano Fernando Ortiz Fernández (1881-1969).

54. M. B. de Yemonjá, *Caroço de dendê: a sabedoria dos terreiros como ialorixás e babalorixás passam conhecimentos a seus filhos*, 2002, p. 16.

55. J. Severiano apud H. Bello de Carvalho, "Negra melodia", matéria escrita por Welington Andrade em 10 de março de 2017.

56. Clementina de Jesus da Silva (1901-1987) foi uma sambista negra que, com timbre de voz grave, se consagrou com repertório afro-brasileiro.

Sou/Somos borboleta 201

Nesse trecho, é possível elencar uma série de elementos que demonstram a forma racista e epistemicida utilizada pelo pesquisador Jairo Severiano para descrever o que deveria ser considerado como uma preciosidade da escrevivência corporal presente nos corpos negros, nesse caso, um corpo negro feminino e imantado de experiências encruzilhadas e atemporais como o de Clementina de Jesus.

Ao classificar as cantigas como *primitivas* e *impregnadas de negritude* e chamar línguas africanas de *dialeto*, o "pesquisador" assegura que Clementina de Jesus é a prova cabal da presença da África na nossa música popular, ou seja, elementos considerados de forma inferiorizada que, de acordo com a concepção dele, confirmam a presença da contribuição africana para a música popular brasileira.

Conecto essas afirmações diretamente com o que a intelectual Lélia Gonzalez vai chamar de "neurose cultural brasileira" fruto do racismo de denegação, já mencionado aqui. Ao se referir a um texto do sociólogo Caio Prado Jr. sobre a escravidão e a mulher negra, Lélia afirma que

> *sabemos que o neurótico constrói modos de ocultamento do sintoma porque isso lhe traz certos benefícios. Essa construção o liberta da angústia de se defrontar com o recalcamento.*
>
> *[...] No momento em que se fala alguma coisa, negando-a, ele se revela como desconhecimento de si mesmo.*

> *Nessa perspectiva* [tanto Caio Prado Jr. quanto Jairo Severiano], *pouco teria a dizer sobre essa mulher negra.* [...] *Exatamente porque ele lhes nega o estatuto de sujeito humano. Trata-os como objeto. Até mesmo como objeto de saber.*[57]

Essa *neurose cultural brasileira* por anos fez com que esses saberes não se agregassem de forma legitimada e reconhecida dentro da cultura nacional, como fruto das histórias de diferentes povos que atravessaram o tempo e a invisibilidade pelas práticas cotidianas.

É o que Lélia Gonzalez argumentará no texto, utilizando a metáfora da história real da maternidade na construção do Brasil para afirmar que a cultura brasileira tem uma mãe e essa mãe é preta.[58]

Lélia deixa negritado que essa incompreensão é fruto do recalcamento de quem não tem (e não teria como ter, por se achar superior e desumanizar o que considera como outro) elementos, acúmulo cultural e intelectual suficientes para assimilar e fazer leitura.

Esse recalcamento branco-eucêntrico é percebido a todo momento pela dita intelectualidade brasileira, que se considera uma elite intelectual dominante, a ponto de não se constranger em posicionar sua insuficiência no arcabouço cultural oriundo de culturas marginalizadas. Ela se sente à vontade para ser porta-voz de análises, escrever

57. L. Gonzalez, op. cit., 1984, p. 232.
58. Ibid., pp. 325-237.

Sou/Somos borboleta 203

artigos, dar opiniões rasas, sem ao menos se questionar se pessoas negras e indígenas que estudam e se aprofundam nesses conhecimentos teriam mais capacidade de fazer análises complexas e completas, justamente por estarem imersas e instruídas nesses modos de ler e ver.

Clementina de Jesus, em sua vivência com a música e as letras cantadas, trazia sempre uma naturalidade com as palavras e os movimentos vindos de uma memória de seus ancestrais, dos tempos de fazenda e da lida como doméstica. São os registros da memória, desse ponto de partida que Conceição Evaristo bem define como estar carregado da condição de mulher negra. Vem dessa relação matriarcal da cultura brasileira que é preta, como nos diz Lélia, ou seja: está tudo no nosso corpo-oral, no corpo-quilombo e no encantamento desses saberes encruzilhados. Na biografia de Clementina de Jesus, vemos sua trajetória como um corpo-quilombo cheio de escrevivência:

> A história e a cultura do povo Bantu, transmitidas oralmente pela mãe, fez de Tina (apelido de Clementina na infância, que é o mesmo da minha avó) uma muluduri-herdeira, sem imaginar que seu futuro lhe reservava a função de transmitir e perpetuar os cantos ancestrais de matriz africana. Muitos carregam a responsabilidade de um muluduri — o dever de passar adiante um saber que era feito pela oralidade, meio pelo qual a cultura popular ainda resiste.
>
> [...] Dessa forma, os negros, por exemplo, foram o próprio registro de sua etnia com canto, rituais e

outras manifestações culturais guardadas na memória de cada um e passadas de geração em geração.[59]

Assim como Clementina de Jesus, incomparável cantora negra brasileira de ancestralidade Bantu, do Sudeste do Brasil (Minas e Rio), nas terras originárias dos meus *satês*, os indígenas da etnia Puri, muitas outras mulheres negras e indígenas trazem consigo uma memória que é contada a partir da forma como o corpo "sentepensapercebe". Seja pelo gesto ou pelo movimento cotidiano, pelo cantarolar lembranças de outros tempos, pelo dançar passados.

Muitos são os exemplos dentro da nossa construção cultural e social de memórias corporais que atravessaram o tempo e a tirania da colonialidade. E essas memórias estão nos espaços que esses corpos ocupam, nas favelas e periferias dos Brasis. Teoria e práxis feminista favelada, organização de mulheres, luta, recuperação e, principalmente, intelectualidade e vida.

Reflito sobre esse tesouro presente nas nossas vidas no desejo de ser parte do resgate e manutenção dos saberes, assumindo a responsabilidade de passá-los adiante a minhas/meus pares, mas é impossível deixar de pontuar que essas memórias têm sido sistematicamente subvertidas a uma lógica de mercado e apropriação que acaba por favorecer quem sempre esteve à frente no acesso aos

---

59. L. Costa et al., *Quelé, a voz da cor: biografia de Clementina de Jesus*, 2017, pp. 27-28.

Sou/Somos borboleta 205

meios de produção e controle econômico do mundo e de seus recursos naturais.

A saber, os indivíduos cuja existência sustenta as relações de privilégio estrutural e que seguem construindo hegemonicamente seus modos de vida e de habitar o mundo a partir do poder de categorizar o que é conhecimento e quais conhecimentos serão legitimados. Usurpam conhecimentos de grupos subalternizados, revertendo-os em benefício próprio em detrimento de culturas e modos de vida das populações que trazem na pele, no corpo, as marcas da colonização e do racismo estrutural. Muitos poderiam ser exemplos dessa *neurose cultural brasileira* e seus efeitos sobre a população negra e indígena. Foram mantidas e recriadas diversas práticas contracoloniais que demarcam seu lugar por meio de muito enfrentamento.

Ao trazer o conceito de escrevivência corporal, insisto em uma forma de teorizar o ato de pensar nessas histórias, que sempre foram contadas e que estão cada vez mais sendo apropriadas por seus verdadeiros herdeiros, tornando-se conhecidas entre seus pares e disseminadas nesse momento de evolução tecnológica que permite processos de comunicação de forma global mais qualificados e acessíveis.

É justamente a população pobre, favelada e de maioria não branca que acaba sucumbindo à ausência de informação sobre o valor de suas origens, como, por exemplo, o conhecimento acerca de uma alimentação saudável baseada na de seus ancestrais, já que, devido à vulnerabilidade, essa mesma população é a mais exposta aos processos desumanos de industrialização e ultraprocessamento de alimentos, que são carregados de veneno e substâncias químicas capazes de provocar doenças.

Afastados da natureza, é nos bairros com favelas que o ar respirado é mais poluído, enquanto os os trabalhadores são explorados ao máximo sem direito a descanso, ou seja, somos forçados a viver de uma forma muito distante dos modos de vida de nossos ancestrais. Ao mesmo tempo, os descendentes dos condenadores que julgaram nossos saberes primitivos e não evoluídos são, hoje, os expropriadores desses modos de vida, com acesso a recursos para comprar alimentos saudáveis, bem como acesso ao estudo e práticas corporais, culturais e espirituais roubadas, moradia e viagens para experienciar a conexão com a natureza e com seus filhos.

Uma das formas atuais desse cenário pode ser exemplificada por uma parcela de mulheres da elite brasileira, majoritariamente brancas, que, ao se tornarem mães, construíram o conceito de "criação com apego", como uma possível resposta ao sistema capitalista, reivindicando (de forma legítima) mais tempo e a possibilidade de criar o filho com mais contato e atenção.

No entanto, penso nesse termo e em seu significado nos múltiplos tempos-espaços. A *criação com apego*, compreendendo os atos de amamentar em livre demanda, dormir abraçado, acolher e usar sling,[60] apresenta muitos

---

60. Carregador de bebês feito com tecido, com variadas formas de amarração capazes de "prender" o bebê ao corpo de quem o carrega.

Sou/Somos borboleta

elementos que fazem parte de práticas ancestrais de vários grupos *amefricanos*.

A "criação com apego" sempre foi feita por mulheres negras, até mesmo com as crianças brancas, ao serem forçadas a utilizarem suas "pedagogias ancestrais" na figura da ama de leite, escrava da casa, hoje babá. Não vejo uma reivindicação desse tipo sendo criada por mulheres negras, pois na concepção negra e/ou indígena de entendimento da vida, não há espaço para uma criação de crianças sem apego.

Quem se distanciou voluntariamente desse papel foram as mulheres brancas, que criaram seus filhos dentro dessa lógica do desapego e do rebaixamento do ato de cuidar como algo inerente à subalternidade imposta sobre as mulheres negras e indígenas. Por outro lado, o efeito do sofrimento de terem sido forçadas "a desapegar" e não poderem criar seus próprios filhos foi uma experiência vivida por mulheres negras e indígenas, e essa é mais uma lacuna que levaremos muito tempo e gerações para curar.

No ano de 2014, um canal estadunidense de comédia no YouTube chamado Collegehumor, em uma de suas esquetes encenadas, criou o termo *columbusing* que, de maneira resumida, se refere ao ato de "descobrir" algo que é novo para você, mas que há muito tempo é familiar e conhecido para outro grupo, principalmente por esses grupos serem contra-hegemônicos e, por isso, subalternizados.

Quem pratica *columbusing* se apropria desse "descobrimento" e se comporta como se determinado conhecimento fosse novo para todos. Lucra com isso, ganha mais espaço para falar sobre, faz estudos, análises e pesquisas e se torna referência sobre esses assuntos. O termo se refere propositalmente a Cristóvão Colombo, colonizador, assassino e expropriador da história mundial.

Muitos são os exemplos de *columbusing* no cenário cultural e artístico. Um monte de gente "descobrindo" e se apropriando de práticas que nos constituem como sujeitas no mundo. Hoje, pelo menos, entendo como mais possível termos acesso a vídeos de práticas culturais corporais das mais diferentes cidades do Brasil, vindas "diretas da fonte" e ouvir de seus próprios criadores e herdeiros sobre esse legado, na tentativa de limitar cada vez mais a ação da branquidade como intermediária dos processos de disseminação dos saberes plurais.

Assim, a escrevivência corporal, ou seja, o ato de contar memórias com o corpo, também não tem que servir para ninar o sono dos "da casa-grande" e sim para incomodá-los em seus sonos injustos, como nos ensina Conceição Evaristo. Como nos lembra Valdenira Barros, ao se referir à manifestação cultural e artística negra tambor de Criola do Maranhão:

> *A voz do tambor se negou a ficar muda. Permaneceu resguardada na fala dos corpos, dos gestos, dos passos que reconheciam nos batuques a essência de uma liberdade perdida nos limites da escravidão física. O tambor não permitiu o aprisionamento da alma e*

Sou/Somos borboleta 209

*garantiu a resistência espiritual necessária à trans-
cendência das torturas materiais.*[61]

As vozes da cultura brasileira expressas nas suas práticas ancestrais nunca ficaram mudas. Extravasam corpos e denunciam a perversidade da colonialidade sobre negros e indígenas até os dias de hoje, resistindo em cada beco, cada viela, cada mata fechada desse país, cantando ponto, fazendo reza, dançando a alma, ninando filho, comendo iguarias, fazendo medicina, ciência e amor.

"OIALOGIA: O MUNDO É NOSSO MERCADO, O CÉU É NOSSO LAR" — O PROJETO MULHERES AO VENTO E OS CORPOS–ESCREVIVENTES DE FEMINISTAS FAVELADAS

> *Oiá traduzido literalmente de iorubá significa "Ela rasgou" e, na verdade, quando Oiá fala o que pensa, ela arranca os véus do conforto com suas garras afiadas. As palavras de Oiá, como uma tempestade tropical, são uma purificação.*
> (Minna Salami, "Oyalogy")

As lutas e agendas feministas citadas e lembradas nos textos anteriores, que têm como objetivo afirmar o lugar

61. V. Barros, "O tambor é dos negros", in Dossiê Iphan 15 {Tambor de Crioula do Maranhão}, 2016, p. 22.

de partida no qual o conhecimento e a teorização se formam na construção e no desenvolvimento desses escritos-pontos de partida, somadas às questões que escolhi e que me escolheram para complexificar minha trajetória vivida de resgate ancestral, me direcionaram a esse momento de pensar como os estudos sobre mitos e o aprofundamento em Iansã/Oiá poderiam me mostrar caminhos de lutas e resgate ancestral de mulheres e associá-los ao que tenho pensando sobre *feminismos favelados* através de um projeto de dança feito com e para mulheres no complexo da Maré.

Durante minhas pesquisas, me deparei com o termo "oialogia", forjado pela escritora nigeriana Minna Salami, que explica que

> *os componentes centrais da oialogia são, como se poderia supor, características-chave de Oiá/Iansã (1811--1877). Ela sendo uma força de liderança feminina, seu restabelecimento do equilíbrio na sociedade por todos os meios, até mesmo, se necessário, causando anomia.*[62]

Ao unir os conceitos de feminismos favelados e oialogia, correlacionando-os com uma fala do Oráculo de Ifá,[63]

62. M. Salami, "Oyalogy – a poetic approach to African feminism", MSAfropolitan, 28 maio 2015.
63. Ifá é oráculo africano e "um sistema religioso de comunicação divina que milenarmente é transmitido através da cultura oral". (H. Cunha Junior et al, "Ifá: um sistema binário de divinação" in Seminário de Educação Matemática nos Contextos da Educação do Campos, 2015, p. 93).

Sou/Somos borboleta 211

retirada do livro *Iansã: rainha dos ventos e das tempestades*, da intelectual negra Helena Theodoro,[64] e utilizada no título deste subcapítulo, tenho a combinação dos dispositivos teórico-metodológicos desenvolvidos durante todo o projeto Mulheres ao Vento.

Ambos os conceitos foram traduzidos neste título a partir de uma série de *itãns* que contam sobre a vida de Iansã/Oiá, discorrendo a respeito desta iabá poderosa e sua relação com o mercado e com o céu. Atrelando e atribuindo em todo o simbolismo que esses elementos representam a completude e adequação das pautas das mulheres faveladas, conectadas e traduzidas no olhar que construímos no decorrer do projeto.

Trazer um mito de origem iorubá sobre uma deusa, uma mulher negra como protagonista da sua história e entrar na disputa das narrativas cristalizadas e naturalizadas sobre ser mulher negra é um agente potencializador capaz de criar identificação, novos referenciais de força, de beleza, de sentido e de existência, traçando paralelos com todos os questionamentos sociais e agendas de lutas das mulheres na sociedade.

Atrelar o mito como parte fundamental para construção, desconstrução e reconstrução social é, e sempre foi, uma estratégia conhecida e disseminada por meio de diversas culturas e teorizada por vários intelectuais no decorrer do tempo. Sobre o mito, o autor Renato Nogueira, no livro chamado *Mulheres e deusas*, nos diz que:

64. H. Theodoro, *Iansã: rainha dos ventos e das tempestades*, 2010.

212   *Feminismos favelados*

Os mitos são entendidos como elementos vivos que dão sentido à vida. De modo geral, um mito é uma explicação da realidade que narra o nascimento do mundo, do ser humano e de como ele deve viver e encontrar sentido para a sua existência.[65]

O autor continua a discussão e nos fala sobre as deusas como possíveis representações coletivas de um tempo passado ao retratar contradições, ambiguidades e disputas humanas nas quais as mulheres são protagonistas em contextos sociais e culturais diferentes, mas que se mantêm atuais.[66] O mito é o discurso em que se fundamentam todas as justificativas da ordem e da contraordem social contracolonial. Ele está intimamente ligado ao universo simbólico, representando a ordem ou a organização do meio que circunda o homem desde o momento em que nasce e indo além da sua morte.[67]

Essas representações coletivas, também conhecidas como arquétipos, são uma fonte de elementos que nos permitem entender a sociedade e como a cultura se forma em torno dessas representações, reconhecendo a partir daí, atitudes empoderadoras que as influências das imagens arquetípicas trazem no sentido existencial e na percepção que fazem de si próprias.

---

65. R. Nogueira, *Mulheres e deusas: como as divindades e os mitos femininos formaram a mulher atual*, 2017, p. 14.
66. Idem.
67. H. Theodoro, op. cit., p. 113.

O mito de Iansã/Oiá transcende a relação religiosa na qual está inserido. Podendo ser percebidas em diferentes características que permeiam a vida das mulheres negras, as histórias sobre Iansã/Oiá trazem elementos que perpassam pelos arquétipos de coragem, sexualidade, corpo e desejo, comunicação, força e resiliência, além de uma facilidade em se adaptar a diversas situações. Iansã/Oiá está conectada a elementos da natureza, como ar, vento, fogo, tempestades e furacões. É possível traçar um paralelo entre essa imagem e as mulheres negras que empreendem uma vida de luta e ativismo, almejando dar conta de processos de superação e sobrevivência em um mundo que as rejeita e entende suas existências como ameaça.

Os mitos sobre Iansã/Oiá se amalgamam dentro desse cenário propício de reconstrução e reinvenção do ser mulher negra em um contexto de opressão. É preciso trazer a memória da adaptabilidade e do "ser vento" como uma das características fundamentais para existência e, assim como o vento, ocupar os espaços, se espalhar e disseminar formas plurais de leitura do mundo. Analisar Iansã/Oiá sob esse ponto de vista é entender a mulher brasileira atuante, dinâmica, transformadora e politizada.

Em muitas tradições religiosas indígenas e de matriz africana, constata-se que sem o poder feminino, considerado o princípio da criação, não há vida, não há nascimento. Os arquétipos de Iansã/Oiá estão presentes no tempo e no espaço. Iansã/Oiá representa diversas

214 *Feminismos favelados*

transformações que podem ser interpretadas, como, por exemplo, os papéis que as mulheres negras desempenharam no enfrentamento de diferentes e adversas situações no tráfico escravo transatlântico, no sequestro que culminou na travessia do continente africano para o Brasil.

Para Bernardo, "Iansã/Oiá, ao representar o vento, significa a comunicação, símbolo importantíssimo para quem vive a diáspora. Na realidade, tanto o ar/vento quanto a água/mar significam a união do povo que viveu a diáspora".[68]

No o mesmo texto em que a escritora Minna Salami forja o conceito de oialogia, existe uma comparação entre uma mulher ativista da Libéria e a orixá Iansã/Oiá, a partir de um episódio de força e resistência feminina pelo pedido de paz na cidade de Monróvia. Ela "compartilha a história da Libéria para agora fazer uma comparação entre as incansáveis ações de Leymah Gbowee e uma antiga mitologia africana de Oiá, uma antiga deusa iorubá que representa a ira feminina contra a injustiça".[69]

Minna Salami considera os orixás como energias, como super-humanos que representam algo sagrado superior. São arquétipos bastante semelhantes aos da Grécia antiga. Ela também pontua que, da mesma forma que os arquétipos gregos foram utilizados durante séculos para aplicar *insights* à vida europeia contemporânea, os

---

68. T. Bernardo, *Negras, mulheres e mães: lembrança de Olga de Alaketu.*, 2003, p. 77.
69. M. Salami, op. cit., 2015, s/p.

Sou/Somos borboleta 215

orixás contribuem muito para pensar a vida da população negra africana. Segundo ela,

> *a mitologia africana é um dos recursos mais ricos disponíveis para os africanos modernos que desejam revigorar as discussões sobre a mudança social. Aliás, ela está enterrada sob as rochas de uma narrativa colonial que antes a considerava primitiva e atrasada.*[70]

Algumas intelectuais brasileiras falaram a respeito da contribuição dos mitos dos orixás, nesse caso em específico das iabás, as orixás femininas, para o engajamento de mulheres na luta por um mundo menos opressor. A filósofa Sueli Carneiro explica que:

> *Levantando-se contra a escravidão, o machismo e o preconceito, a negra brasileira encontrou em sua espiritualidade ancestral os mitos, os símbolos e os exemplos que lhe inspiraram insubordinação e lhe permitiram construir uma nova e altiva identidade.*
>
> *[...] As mulheres negras vêm conformando organizações inspiradas na mitologia africana e nas histórias de suas antepassadas. Nesse processo de afirmação identitária, buscam, em instituições femininas da tradição religiosa, nas figuras míticas e nas ancestrais coletivas, os valores e os modelos de insubordinação para confrontar a ordem patriarcal e racista.*

70. Ibid., s/p.

216 *Feminismos favelados*

[...] Assim, Oxum, Iansã, Obá, Ewá, Iemanjá, Nanã conformam arquétipos que alargam e complexificam nossa compreensão do feminino.[71]

Foi seguindo esses pensamentos que o projeto Mulheres ao Vento foi criado, tendo como primeiro atravessamento minha própria vida em uma universidade federal quando tive acesso aos mitos e arquétipos sobre Iansã/Oiá. Fui tomada, naquele momento, por uma identificação imediata e inspiradora que foi capaz de mover uma força interna que mobilizou, conectou e inspirou duas jovens alunas, não brancas e faveladas a criar um projeto social dentro de um território favelado com e para mulheres sobre força, reinvenção e poder. Eparrei![72]

Ao ser perguntada sobre o contato com Iansã/Oiá através das histórias contadas no projeto, Dandara relata que:

Iansã foi uma das mulheres mais fortes, então a gente, mulher, pode ter a inspiração nela. Não de tudo, ela teve muitos maridos, não estou falando disso, não quero. [risos] *Mas a experiência, tipo assim: ela ficou com um, daquele um que ela ficou, tirou uma experiência, tipo* [aprender] *a fazer uma arma e mexer com fogo* [sobre o itã de Iansã e Ogum]. *Então, a*

---

71. S. Carneiro, "A força das mães negras", *Le Monde Diplomatique*, ed. 4, 8 nov. 2007.
72. Saudação à orixá Iansã/Oiá.

Sou/Somos borboleta   217

gente, mulher, pode ter muitas experiências. [...] Mas o que mais me marcou no espetáculo inteiro foi essa parte da liberdade pra mim.

Outra participante, ao relatar a experiência no projeto e a aproximação com os referenciais sobre Iansã/ Oiá, diz que:

Aprendi muita coisa sobre a gente se valorizar; não é porque somos pretos que não temos cultura, nós temos sim. Temos todos os direitos que as pessoas lá de fora têm, a gente pensa que não temos e a gente vai aprendendo muita coisa, a gente vai se valorizando.

[...] Pelas experiências, nas aulas, nas atividades, nas apresentações que a gente estava fazendo, a gente vê como os antepassados da gente viviam, e os antepassados não esticavam o cabelo. Faziam trança, ficavam com cabelo pra cima, black mesmo e por que a gente tem que mudar o nosso visual? Aí parei de passar henê, parei de passar produto químico e deixei o meu cabelo do meu jeito. Do jeito que ele é.

A fala de Maria Felipa nos dá a dimensão da profundidade como os referenciais e modelos positivos que trazem elementos de proximidade para a vida de mulheres negras podem ser transformadores contra as opressões pelas quais mulheres negras passam a vida sendo atravessadas. Trazer as imagens das iabás é uma ferramenta potente, como nos revela outra participante do projeto,

Eva Maria do Bonsucesso, ao ser perguntada sobre o que o Mulheres ao Vento fala:

> o Mulheres ao Vento é um projeto que fala sobre a mulher preta, sobre essa potência. O problema é que a gente fica procurando palavra bonita, mas fala de cura, fala de cura. Acho que "cura" é a melhor palavra, eu vejo muito isso.

É exatamente a partir desse relato de Eva Maria sobre esse ser um processo de cura que sigo fazendo o exercício de viver por meio do axé que, no candomblé, é compreendido como energia vital e está presente em todos os elementos da natureza; ou seja, o axé é uma força que assegura a existência dinâmica, por isso, sem axé, não haveria existência, pois é o princípio que torna a vida possível.[73]

Com referências resgatadas sobre Iansã/Oiá e com sua forma de vento espalhando a cura necessária, abandonamos cada vez mais uma visão eurocêntrica do feminismo e das lutas das mulheres, aproveitando apenas o que foi teorizado outrora que fortalece nossa luta, tendo sempre em vista quais estratégias utilizar para o nosso engajamento político-social e para o nosso feminismo plural e com referenciais múltiplos.

É preciso revelar e assumir o poder de Iansã/Oiá. Transformar tudo pelo seu movimento. Internalizar a

---

73. T. M. Damasceno, *Fé no Corpo: vestígios de recordações num corpo passante*, 2016.

ideia de que o mundo é o nosso mercado; o céu é o nosso lar, como diz o Oráculo de Ifá. Como nos ensina Helena Theodoro,

> O mercado é a representação do mundo em sua forma mais intensa e em versão social, e as mulheres são responsáveis por ele, lá que é onde se geram os encontros, as seduções, as trocas de energia. As mulheres buscam sua independência econômica. E os meios de alimentar seus filhos nas atividades do mercado. Iansã é a dona do mercado.[74]

Somos as donas do mercado, somos referências nos territórios favelados, somos as responsáveis por nossas vidas e por gerações, somos deusas, somos mulheres.

74. H. Theodoro, op. cit., p. 158.

CONSIDERAÇÕES FINAIS

Desde o início, foi um desafio mensurar o impacto de um projeto social realizado em território de favela, devido aos estigmas que os temas relacionados à negritude, à ancestralidade e à religiosidade assumidos como referenciais teóricos e práticos produzem no senso comum. Assim como compreender a força que se poderia ter uma produção intelectual favelada capaz de propor discussões sobre ser mulher em relação aos marcadores sociais de opressão, além de ter como inspiração artística e epistemológica uma deusa africana – Iansã/Oiá. O projeto Mulheres ao Vento, durante seus anos de existência, apresenta um potencial transformador tão intenso que, ao pensar em fazer um projeto para mulheres da Maré, me vi como uma mulher afro-indígena na Maré e com a chance de vivenciar essa experiência de forma diferente.

Fui inúmeras vezes atravessada pelas questões que pautava com minhas colegas e parceiras de criação. Fui atravessada pelas histórias que se assemelhavam às minhas, pela compreensão do território de favela que me emocionou muito. Nessa experiência, consolidei um olhar de cuidado e união entre as mulheres que ali, naquele espaço de projeto, representavam a Maré feminina e favelada que sempre constatei.

Quando se fala em projetos sociais nas favelas, é muito comum ter dois tipos de pensamento: o primeiro de que o que está sendo feito é para "levar" algum tipo de saber, de aprendizado, para as pessoas que serão beneficiárias e, assim, contribuir com uma construção de mundo, que normalmente é feita por pessoas que se acham "tão de fora" de algumas realidades que precisam ditar "as regras" sobre a forma certa de viver, ter cultura, se alimentar. Já o outro pensamento comum ao fazer um projeto social está relacionado à caridade, ao ato de dar para as "pobres pessoas" coisas que elas jamais teriam e com isso, se sentir melhor e menos culpado pelas desigualdades sociais e raciais. Neste outro tipo, as pessoas também demonstram um distanciamento e reproduzem uma série de preconceitos a partir da infantilização e do reforço de uma série de estigmas paternalistas em relação às pessoas negras e pobres, tendo embutido nos seus discursos uma lógica de "salvadores".

Sempre tive muita cautela ao me propor realizar o que aqui chamo de projeto social dentro de um território favelado. Como uma menina "cria" de projetos sociais, senti bem na pele esses dois pensamentos durante minha vida profissional e pessoal, porém essa experiência me deu muitos elementos para imaginar que as coisas poderiam ser diferentes.

Para realizar um "projeto social", seria preciso seguir alguns passos permeados de legitimidade para poder ocupar esse lugar. Como já disse antes, nasci, cresci e moro na Maré, então, pensar em alguma ação financiada com dinheiro público, por meio do Ministério da Cultura, por exemplo, por uma chamada pública, em prol e benefício do meu território, foi também um sentimento de redenção. Além de ter sido imprescindível receber nesses anos a força, a inventividade, a experiência, o carinho e o cuidado dessas mulheres do projeto comigo, como minhas colegas de trabalho, minhas vizinhas, minhas amigas, contribuindo para uma transformação do território que amo e com o qual comungo histórias de vida.

No decorrer desta pesquisa, senti que não era mais importante tentar medir algum tipo de impacto do projeto em si. Para validar a eficiência desses encontros, foi preciso uma intervenção direta que me fizesse mudar os rumos. Precisei mergulhar em um bojo de saberes em torno do *feminismo favelado* para, então, dar sequência ao árduo e desafiador trabalho de pesquisa que resultou neste livro.

O conceito de feminismos favelados é um resultado concreto da experiência de trabalhar, pesquisar, viver e estar com mulheres, que transcende os espaços instituídos de saber legitimado como a academia. Ele funciona como uma forma política de resgate da memória, de reparação de lacunas de silenciamento e, principalmente, como aposta futura em conhecimentos plurais e devidamente referenciados.

Considerações finais 223

No mergulho para criar esse conceito, pude reconhecer a deidade de Iansã/Oiá a partir de uma perspectiva de proximidade com o "ser" e pensar *"desde nosotras"*, como denominam as feministas indígenas de Abya Ayala. Nos aproximamos desta orixá e de todas as iabás como mulheres faveladas. Atrelamos às construções teóricas forjadas pelos movimentos de lutas de mulheres negras e mulheres indígenas os pressupostos dos feminismos plurais, criticando e analisando, inclusive, esses movimentos e suas contradições de forma franca e sincera, e percebendo o quanto ainda precisamos avançar em nossas lutas e aprender com nossas diferenças.

Para consolidar esse conceito, utilizei pesquisas feitas com participantes do Mulheres ao Vento, no intuito de demonstrar uma potente forma de reontologização contracolonial capaz de registrar e enaltecer memórias, histórias e espiritualidades. Essa aposta é mais uma das muitas formas de recriar experiências estético-corporais presentes na vida de mulheres faveladas, expondo cenicamente corpos reais de mulheres que são grandes referências de construção em seus territórios, registrando suas histórias e coletando suas escrevivências. Minha proposta é propagar esses saberes plurais das mulheres que são continuidades e corpos-orais tanto de saber ancestral como de disputa epistemológica sobre o campo de estudos de gênero e feminismos.

As falas das participantes entrevistadas costuram todo o trabalho e contracenam com os elementos de teoria sobre raça, corpo, gênero, favela e território. A escrita

224 *Feminismos favelados*

deste livro transita e se move como o vento, tendo como principal fonte de saber o conhecimento de Iansã/Oiá, que rege com maestria cada palavra, cada frase. Digo que Iansã/Oiá fez uma verdadeira dança entre as palavras, os sentimentos, as expectativas e os corpos – tudo regido pelos ventos de transformação que, às vezes, são fortes e intensos como um vendaval e, por vezes, fracos e refrescantes como uma brisa. São esses saberes que foram fundamentais para iniciar e assentar estas palavras. O ato de contar história com o corpo é uma tecnologia social fundamental para a manutenção das formas e hábitos de viver e ler o mundo que construíram e constroem nossas ações enquanto mulheres e homens brasileiros.

Utilizar-se da arte e do entendimento do corpo para enaltecer e lançar luz a esses saberes é algo que precisa cada vez mais ser difundido, a fim de ocupar o lugar de conhecimento legitimado reservado durante anos a um tipo de saber, a uma estrutura eurocêntrica e culturalmente neurótica. As experiências pessoais que compõem este livro são a práxis da forma de mulheres faveladas que, ao vivenciarem experiências referenciais plurais que resgatam a historicidade velada de um legado africano, afro-brasileiro e ameríndio, constroem elementos que podem ser fundamentais para a vida, a autoestima, a construção de identidade e o pertencimento racial.

Quando possibilitamos às participantes do projeto Mulheres ao Vento vivenciar em seus corpos histórias de mulheres a partir de uma matrilinearidade que se inicia em solo africano e ameríndio, construímos pontes de

Considerações finais 225

conexão entre tempos e espaços. Criam-se possibilidades de futuros nos quais muitas mulheres podem estar presentes e representadas. Ser uma feminista favelada é buscar essas experiências, percebê-las e, principalmente, disseminá-las como determinantes para a construção de um mundo possível para todas as mulheres.

Com aprendizados oriundos da inspiração de Iansã/ Oiá, durante todo este caminho, tive contato com diferentes intelectuais, uma bibliografia diversa, uma pluralidade geracional, além de áreas de conhecimento para dar corpo ao que estava construindo e nomeando. O conceito de feminismos favelados precisa ser levado em consideração em todas as análises que pretendem ser feitas sobre mulheres e na pauta de agendas contra a opressão de gênero. É inadmissível que seja naturalizada e chancelada pelo poder público a violência sistêmica em determinados territórios.

Quais são as questões que deveriam tornar a vida das mulheres da favela uma pauta impossível de se ignorar no interior dos movimentos sociais de direito à vida das mulheres? E, mais do que isso, quais são as soluções que temos dado para problemas como violência de gênero, feminicídio e abusos de todos os tipos? Durante anos, construímos redes de apoio e resistência calcadas nas experiências ancestrais de sociedades a despeito das teorias produzidas na academia. É partindo desses questionamentos e constatações que podemos começar a estabelecer um diálogo instaurado nas experiências que transcendem as opressões de raça e classe e configuram esse território favelado como um lugar de profusão e encontro de marcadores e estigmas sociais específicos. Há de se reconhecer a luta dessas mulheres como parte desses movimentos insurgentes por igualdade e proteção à vida.

O que as mulheres das favelas Brasis afora estão fazendo para cuidar coletivamente de seus filhos diante dos altos índices de desemprego e precarização do trabalho? O que fazem para lidar com o acesso insuficiente aos sistemas de saúde pública, de educação? O que fazem para produzir alimentos, nutrir seus filhos e sua comunidade? O que fazem para proporcionar momentos de lazer? E de criação artístico-cultural? Para garantir seus direitos reprodutivos e sexuais? Para cuidar da aparência e criar conceitos estéticos reconhecidos mundo afora? O que fazem para manter a espiritualidade fortalecendo e acalentando pessoas desamparadas?

Recusamos os papéis que nos são atribuídos sem levar em conta o agenciamento que nos sustenta. O contexto de crise e emergência sanitária da pandemia de Covid-19, por exemplo, sobretudo em locais de maior vulnerabilidade, posicionou sobre as mulheres o papel socialmente construído de dedicação total e cuidado do outro, naturalizando a imagem de doação e benevolência, ainda que em detrimento de si mesma.

O que fortalece a imagem colonial e opressiva da mulher que tem que se doar cegamente. Não apenas numa lógica da exploração de reminescência colonial escravocrata, mas também pela importância da figura dessas mulheres em suas favelas. Essas mulheres são fundamentais

Considerações finais 227

para fluidez da vida comunitária e centrais na dinamização desses espaços, ainda que de maneira invisibilizada e insuficientemente referenciada de forma positiva.

No decorrer da história, espaços favelados se reconfiguram e se reinventam em torno das muitas ações dessas mulheres, e em tempos pandêmicos foram vários os exemplos de organização popular calcada nas mulheres faveladas como linha de frente para o enfrentamento à fome e ao desamparo, para os cuidados de saúde dos mais velhos e das crianças, para a sustentação do luto e a preparação burocrática e subjetiva da morte, para a reivindicação de serviços públicos, para a organização comunitária e a mobilização de solidariedade, para o combate à violência doméstica, para proteção de mulheres, crianças e idosos, além de acesso a equipamentos de proteção e higienização dos espaços.

Muitas iniciativas no complexo da Maré foram e são lideradas majoritariamente por mulheres em suas tentativas de manter a dignidade da vida humana. Essas iniciativas podem ser observadas e traduzidas de forma generalizada sob uma perspectiva de solidariedade quase que inocente e santificada; no entanto, reconheço essas ações como prática feminista favelada, que nada mais é do que a reminescência de um ideal de vida comunitária carregado de ações de resistência. O ato de cuidar do outro se afasta do lugar de passividade construído na mirada colonial e assume um papel central de manutenção da vida em expansão, da insistência e persistência do viver dessas mulheres e de seus pares.

É agenciado e estratégico pensar no cuidado liderado por essas mulheres como intérpretes autônomas do corpo social e de suas necessidades, principalmente nos momentos de crise nos quais os abismos sociais se alargam diante dos olhos e da atualização dos dados racializados sobre quais corpos morrem e sofrem mais. Apresentar uma perspectiva feminista que teoriza por meio da dança, da criação artística e da construção cultural de mulheres faveladas é uma resposta para a multiplicidade do ser coletivo e do ser individual. É *feminismos favelados* em essência.

Ao se reconhecerem como sujeitas individuais, as mulheres constroem discursos coletivos sobre cuidado e respeito sem que a desumanização oriunda da colonialidade seja um elemento narrativo. Podemos cuidar, podemos estar aqui para nossa comunidade, porque assumimos o papel de sujeitas de nossas próprias histórias e da manutenção de nossas memórias como parte de nossa herança ancestral e proposição política de sociedade. A questão nunca foi sobre *o cuidar* (o ato em si) que faz parte da experiência de liderança e agência comunitária. A recusa acaba por ser ao cuidado que desumaniza e que não considera a individualidade da mulher favelada na experiência coletiva comunitária.

Concluo que não há uma conclusão única deste processo, mas uma série de caminhos que precisam continuar. Temos muito a resgatar e a arte e a dança são ferramentas potentes para essa reinvenção. Ter acesso a referenciais sobre nosso legado negro e ameríndio é fundamental para continuarmos vivas. Precisamos seguir existindo, sendo e colocando nossos corpos como conectores desses saberes. Nossas vidas nas favelas são as grandes disseminadoras desse legado que atravessa gerações. Como os ventos, como Iansã/Oiá e todas as divindades que chegam até nós. Pelos de antes, pelos de agora, pelos que virão.

Axé!

Eparrei Bela Oiá!

AGRADECIMENTOS

Você não precisa que ninguém te ensine a voar
está no seu espírito
Mas é bom ter quem nos lembre
de que temos asas.
(Ryane Leão)

Para realização e concretização deste livro eu agradeço, profundamente, a toda energia espiritual protetora de ancestralidade amefricana que se apresenta a mim como inspiração e fôlego de vida.

Agradeço à minha avó Tina, que infelizmente não está mais entre nós, mas que me deu ferramentas para aprender o momento de lutar no grito e ainda mais no silêncio; à Elza Jorge, minha mãe, por acreditar e dar estímulo a todas minhas iniciativas e ser uma fonte de inspiração do tipo de feminismo que me contempla. Aos meus familiares, à casa da rua 3, meus primos e tios mais chegados e que entendem o papel político e social que honram a história de luta da nossa família. Ao meu irmão, Gilson Jorge e sua família. Agradeço à Lucilene dos Santos, avó paterna da minha filha, que sempre contribui nos cuidados e carinho com Alice Odara e se materializou como uma energia feminina inspiradora para mim enquanto esteve neste plano.

Agradeço à minha musa, parceira, irmã, minha artista e pesquisadora preferida Simonne Alves, sem você nunca teria acontecido o Mulheres ao Vento. Agradeço muito a todas as mulheres que passaram pelo projeto Mulheres ao Vento, o nosso MAV, a nossa família MAV e a força do feminismo favelado, obrigada por terem co-escrito esse livro comigo, compartilhando histórias, danças e reflexões.

Agradeço às minhas amigas que sempre estão comigo, ouvindo, torcendo, cuidando: obrigada, Dayana Sabany e Kelly San. Agradeço a Mãe Nani e toda sua família pelo zelo e carinho, que foram fundamentais para essa caminhada.

Agradeço aos professores do Programa de Relações Étnico-Raciais do Cefet onde iniciei essa jornada em forma de dissertação, às amizades construídas nesse espaço que formaram os nossos encontros em momentos de partilha e "Ajeum"; e agradeço a ORI-entadora da dissertação, Fátima Lima, pela inspiração e afeto. Às companheiras da Redes da Maré, a Eliana Sousa Silva e sua generosidade em abrir caminhos, a Heloisa Buarque de Holanda pelo carinho e indicação. A toda equipe da editora Bazar do Tempo pelo esforço coletivo em fazer tudo acontecer.

Por fim, agradeço às duas pessoas que estão comigo em cada respirar desses escritos. Alice Odara, minha filha, obrigada por ser perfeitamente inteligente, curiosa e desafiadora nesse nosso relacionamento de mãe e filha; por me deixar sem respostas e me fazer criar todos os dias novas perguntas; por me dar vontade viver e de construir um mundo melhor para você.

E meu companheiro, Henrique Gomes. Você me motivou todos os dias, me deu confiança e suporte, me inspirou e deixou eu dormir mais, fez comida para mim, levou Alice para passear, me levou para viajar, me distraiu e estudou comigo, ficou em silêncio... Obrigada, te amo! Vocês me lembram TODOS OS DIAS que eu tenho asas para voar. Obrigada, muito obrigada mesmo.

REFERÊNCIAS BIBLIOGRÁFICAS

AKOTIRENE, Carla. *O que é interseccionalidade?* Belo Horizonte: Letramento, 2018.

ALVES, Fernando Cardoso Resende. *Xirê: o ritual como performance entre a cultura e o corpo.* Trabalho de conclusão de curso, Graduação em Teatro, Uberlândia, UFU, 2017.

ALVES, Heliana Castro. *"Eu não sou o milho que me soca no pilão": jongo e memória pós-colonial na comunidade quilombola Machadinha-Quissamã.* Tese de doutorado, Departamento de Psicologia, Rio de Janeiro, 2016.

ANDRADE, Wellington. "Negra melodia", *Revista Cult*, 10 mar. 2017. Disponível em: <https://revistacult.uol.com>. Acesso em jun. 2009.

ANZALDÚA, Gloria. "La conciencia de la mestiza: rumo a uma nova consciência", *Revista Estudos Feministas*, vol. 13, n. 3, 2005, pp. 704-719.

ARRUZZA, Cinziaa et al. *Feminismo para os 99%: um manifesto.* São Paulo: Boitempo, 2019.

ASSUMPÇÃO, Anelis. "Mergulho interior", *Taurina*, 2018 (3:41 min).

ÁVILA, Maria B. "Feminismo e sujeito político", *Proposta*, n. 84-85, FASE, ano 29, 2000, p. 6-11.

BARROS, Valdenira. "O tambor é dos negros", in Dossiê Iphan 15 {Tambor de Crioula do Maranhão}. Distrito Federal: Iphan, 2016, p. 22.

BERNARDO, Teresinha. *Negras, mulheres e mães: lembranças de Olga de Alaketu*. São Paulo: EDUC, 2003.

BUENNO, Winnie et al. *Tem saída? Ensaios críticos sobre o Brasil*. Porto Alegre: Zouk, 2017.

BUTLER, Judith R. *Problemas de gênero: feminismo e subversão da identidade*; tradução Renato Aguiar. Rio de Janeiro: Civilização Brasileira, 2003.

BUTLER, Octavia. *A parábola do semeador*. São Paulo: Morro Branco, 2018.

CARNEIRO, Sueli. "A força das mães negras", *Le Monde Diplomatique*, ed. 4, 8 nov. 2007. Disponível em: <https://diplomatique.org.br/a-forca-das-maes-negras/>. Acesso em mar. 2023.

CARNEIRO, Sueli. "Mulheres em movimento", *Estudos Avançados*, n. 17, vol. 49, 2003, p. 117-132.

CARVALHO, Monique Batista. *Uma Maré de lutas: memória e mobilização popular na favela Nova Holanda*. Dissertação de mestrado, departamento de Memória Social, Rio de Janeiro, Unirio, 2006.

CHIRIX, Emma. *Cuerpos, poderes y políticas: mujeres mayas en un internado católico*. Guatemala: Ediciones Maya' Na'oj, 2013, pp. 18-19.

CHIZIANE, Paulina. *Eu, mulher... Por uma nova visão do mundo*. Belo Horizonte: Nandyala, 2018.

COLLINS, Patricia Hill; BILGE, Sirma, *Intersectionality*. Cambridge: Polity Press, vol. 1, 2016. [Ed. bras.: *Interseccionalidade*. São Paulo: Boitempo, 2021.]

COSTA , Luana et al. *Quelé, a voz da cor: biografia de Clementina de Jesus*. Rio de Janeiro: Civilização Brasileira, 2017.

CRUZ, Yhuri. "Eixos (ensaio visual)", *Poiésis*. Niterói, v. 21, n. 35, 2020, p. 7. Disponível em: <https://doi.org/10.22409/poiesis.v21i35.40415>. Acesso em mar. 2023.

CUNHA JUNIOR, Henrique et al. "Ifá: um sistema binário de divinação", in Seminário de Educação Matemática nos Contextos da Educação do Campos, Caruaru. Anais do IV Seminário de Educação Matemática nos Contextos da Educação do Campo. Recife: GPEMCE, 2015. p. 93-97.

CURIEL, Ochy. "Descolonizando el feminismo: una perspectiva desde América Latina y el Caribe", in Primer Coloquio Latinoamericano sobre Praxis y Pensamiento Feminista, jun. 2009.

_____. "Identidades esencialistas o construcción de identidades políticas: el dilema de las feministas negras", *Otras Miradas*, vol. 2, n. 2. 2002.

_____. "Los aportes de las afrodescendientes a la teoría a y la práctica feminista. Desuniversalizando el sujeto 'Mujeres'", in *Perfiles del Feminismo Iberoamericano*. Buenos Aires: Catálogos, vol. III, 2007, p. 2.

DAMASCENO, Tatiana Maria. *Fé no corpo: vestígios de recordações num corpo passante*. Rio de Janeiro: Universidade Federal do Rio de Janeiro, 2016.

DANTAS, A. "Prefácio", in JESUS, Carolina Maria de. *Quarto de despejo: diário de uma favelada*. Rio de Janeiro: Editora Paulo de Azevedo, 1960.

DÁVALOS, Pablo. "Movimiento indígena ecuatoriano: construcción política y epistémica", in MATO, Daniel (coord.). *Estudios y otras prácticas intelectuales latinoamericanas en cultura y poder*. Caracas: CLACSO, 2002, pp. 89-97.

DAVIS, Angela. *Mulheres, raça e classe*; tradução Heci Regina Candiani. São Paulo: Boitempo, 2016.

D'LOGUN-EDÉ, Viny. "Por que Oyá se transforma em borboleta e está associada a ela". *Awùre*, 19 out. 2013. Disponível em: <http://awure.jor.br/home/por-que-oya-se-transforma-em-borboleta-e-esta-associada-a-esta/>. Acesso em jun. 2019.

EVARISTO, Conceição. "Da grafia-desenho de minha mãe: um dos lugares de nascimento de minha escrita", in ALEXANDRE, Marcos Antônio (org.). *Representações performáticas brasileiras: teorias, práticas e suas interfaces*. Belo Horizonte: Mazza, 2007, pp. 16-21.

_____. *Ponciá Vicêncio*. Belo Horizonte: Mazza, 2003.

FERREIRA, Bia. "De dentro do AP". *Igreja lesbiteriana, um chamado*, 2019, (4:46 min), faixa 3.

FERREIRA, Patrícia Cruz; RENGEL, Lenira Peral. "Dança: escrita metafórica do corpo como linguagem que traz a memória traçada". *Dança*, Salvador, vol. 1, n. 1, jul./dez. 2012, pp. 19-30.

FLAUZINA, Ana Luiza Pinheiro. *Corpo negro caído no chão: o sistema penal e o projeto genocida do Estado brasileiro*. Dissertação de mestrado, departamento de Direito, Brasília, UNB, 2006.

FRANCO, Marielle. "A emergência da vida para superar o anestesiamento social frente à retirada de direitos: o momento pós-golpe pelo olhar de uma feminista negra e favelada", in BUENO, Winnie et al. (org.). *Tem saída? Ensaios críticos sobre o Brasil*. Porto Alegre: Zouk, 2017.

GARAUDY, Roger. *Dançar a vida*. Rio de Janeiro: Nova Fronteira, 1980.

GIL, José. *Movimento total: o corpo e a dança*. São Paulo: Iluminuras, 2004.

GLEASON, Judith Illsley. *Oya: um louvor a deusa africana*; tradução Angela do Nascimento Machado. Rio de Janeiro: Bertrand Brasil, 2006.

GOMES, Maria Paula Cerqueira; MERHY, Emerson Elias (orgs.). *Pesquisadores IN-MUNDO: um estudo da produção do acesso e barreira em saúde mental*. Porto Alegre: Rede UNIDA, 2014. (Coleção Micropolítica do Trabalho e o Cuidado em Saúde).

GOMES, Nilma. *O movimento negro educador: saberes construídos nas lutas por emancipação*. Petrópolis: Vozes, 2017.

GONZALEZ, Lélia. "A importância da organização da mulher negra no processo de transformação social", *Raça e Classe*, Brasília, ano 2, n. 5, nov./dez. 1988, p. 2.

_____. "A categoria político-cultural de amefricanidade", *Tempo Brasileiro*, Rio de Janeiro, vol. 92, n. 93, jan./jun., 1988, pp. 69-82.

_____. "O papel da mulher negra na sociedade brasileira: uma abordagem político-econômica". Spring Symposium the Political Economy of the Black World. Los Angeles: Center for Afro-American Studies, UCLA, 10-12 maio 1979.

_____. "Por um feminismo afro-latino-americano", *Revista Isis Internacional*. Santiago, vol. 9, 1988, pp. 133-141.

Referências bibliográficas 239

_____. "Racismo e sexismo na cultura brasileira", *Ciências Sociais Hoje*, Anpocs, 1984, pp. 223-244.

_____. *Primavera para as rosas negras*. Rio de Janeiro: UCPA Editora, 2018.

GRAÚNA, Graça. "Resistência", in RIBEIRO, Esmeralda; BARBOSA, Márcio (orgs.), *Cadernos Negros*. São Paulo: Quilombhoje, v. 29, 2006, p. 120.

HALL, Stuart. *Da diáspora: identidades e mediações culturais*. Belo Horizonte: Editora UFMG, 2009.

_____. *A identidade cultural na pós-modernidade*; tradução Tomaz Tadeu da Silva. Rio de Janeiro: DP&A, 2003.

HARTMAN, Saidiya. *Vênus in two acts*. SX 26, 2008, s/p. [Ed. bras. "Vênus em dois atos", in *Pensamento negro radical: antologia de ensaios*. São Paulo: Crocodilo, 2021.]

HOOKS, b. "Mulheres negras: moldando a teoria feminista", in *Feminismo e Antirracismo, Revista Brasileira de Ciência Política*, n. 16, jan./abr. 2015, p. 196. Disponível em: <https://periodicos.unb.br/index.php/rbcp/issue/view/146>. Acesso em mar. 2023.

IBGE – INSTITUTO BRASILEIRO DE GEOGRAFIA E ESTATÍSTICA, Santa Maria Madalena. Rio de Janeiro: IBGE, 2017. Disponível em: <https://cidades.ibge.gov.br/brasil/rj/santa-maria--madalena/historico>. Acesso em jun. 2018.

JESUS, Carolina Maria de. *Casa de alvenaria: diário de uma ex-favelada*. Rio de Janeiro: Editora Paulo de Azevedo, 1961.

_____. *Quarto de despejo: diário de uma favelada*. Rio de Janeiro: Editora Paulo de Azevedo, 1960.

KILOMBA, Grada. "The Mask", in *Plantation Memories: Episodes of Everyday Racism*. Münster: Unrast Verlag, 3ª ed., 2010,

p. 124. [Ed. bras.: *Memórias da plantação: episódios de racismo cotidiano*. Rio de Janeiro: Cobogó, 2019.]

LAMAS, Fernando. "Os indígenas de Minas Gerais: guerra, conquista da terra, colonização e deslocamentos", *Projeto Histórias*, São Paulo, n. 44, jun. 2012, pp. 227-257.

LUCINDA, Elisa. *O semelhante*. Rio de Janeiro: Record, 2007.

MARTINS, Leda. "Performances do tempo espiralar", in RAVETTI, Graciela; ARBEX, Márcia (orgs.). *Performance, exílio, fronteiras: errâncias territoriais e textuais*. Belo Horizonte: FALE-Faculdade de Letras da UFMG, 2002, pp. 69-92.

MBEMBE, Achille. *Poder brutal, resistência visceral*. São Paulo: n-1 Edições, 2019 (Série Pandemia).

MENDÉZ-TORRES, Georgina. "Mujeres Mayas-Kichwas en la apuesta por la descolonización de los pensamientos y corazones", in MENDÉZ-TORRES, Georgina et al. (coords.). *Senti-pensar el género: perspectivas desde los pueblos originarios*. Guadalajara: Red Interdisciplinaria de Investigadores de los Pueblos Indios de México; Red de Feminismos Descoloniales; Taller Editorial La Casa del Mago, 2013, pp. 29-30.

MIRIM, Katú. "Nativa", *Nós*, 2020 (4:15 min).

MOREIRA, Adilson. *Racismo recreativo*. São Paulo: Pólen, 2019 (Coleção Feminismos Plurais).

MOREIRA, Núbia. *A organização das feministas negras no Brasil*. Vitória da Conquista: Edições USBE, 2018.

MOTTA, Maria Alice. *Teoria Fundamentos da Dança: uma abordagem epistemológica à luz da Teoria das Estranhezas*. Niterói: UFF/IACS, 2006.

MUNANGA, Kabengele; GOMES, Nilma Lino. *O negro no Brasil de hoje*. São Paulo: Global, 2006.

NASCIMENTO, Abdias. *O quilombismo: documentos de uma militância pan-africanista*. São Paulo: Perspectiva; Rio de Janeiro: Ipeafro, 2019.

_____. "Quilombismo: um conceito emergente do processo históricocultural da população afro-brasileira" in NASCIMENTO, Elisa Larkin (org.). *Afrocentricidade: uma abordagem epistemológica inovadora*. São Paulo: Selo Negro, p. 197-218, 2009.

NASCIMENTO, Beatriz. *Ôrí*. Direção: Raquel Gerber. 91 min. 1989.

NUTINI, Hugo G.; ROBERTS , John M. *Bloodsucking Witchcraft: An Epistemological Study of Anthropomorphic Supernaturalism in Rural Tlaxcala*. Tucson: Arizona University Press, 1993.

OLIVEIRA, Altair B. *Cantando para os Orixás*. Rio de Janeiro: Pallas, 2007.

OLIVEIRA, Kiusam Regina. *Candomblé de Ketu e educação: estratégias para o empoderamento da mulher negra*. Tese de Doutorado, departamento de Educação, São Paulo, USP, 2008.

PAREDES, Julieta C.; GUZMÁN, Adriana A. *El tejido de la rebeldia. Qué es el feminismo comunitario?* La Paz: Comunidad Mujeres Creando Comunidad, 2014.

PIEDADE, Vilma. *Dororidade*. São Paulo: Nós, 2018.

PÓVOAS, Ruy do Carmo. *Itan dos mais velhos: contos*. Ilhéus: Editus, 2ª ed., 2004.

PREZIA, Benedito. "Vuitir, o Mongo véio Puri", *Revista Porantim*, ano XXXV, n. 357, Brasília-DF, ago. 2013. Disponível em: <https://cimi.org.br/pub/Porantim/2013/Porantim%20 357-para%20SITE.pdf>. Acesso em mar. 2023.

PURI, Náma (Carmelita Lopes). "O laço que virou nó – a construção do caminho de volta", 2014. Disponível em: <https://

povopuri.wixsite.com/memoriapuri/post/um-causo-u-ma-hist%C3%B3ria-minha-hist%C3%B3ria-por-carmelita-lopes-n%C3%A1ma-puri>. Acesso em dez. 2020.

QUIJANO, Aníbal. "Colonialidad del poder y clasificación social", in CASTRO-GÓMEZ, Santiago; GROSFOGUEL, Ramón (orgs.). *El giro decolonial: reflexiones para una diversidad epistémica más allá del capitalismo global*. Bogotá: Siglo del Hombre Editores; Universidad Central, Instituto de Estudios Sociales Contemporáneos y Pontificia Universidad Javeriana, Instituto Pensar, 2007, pp. 93-126.

RATTS, Alex. *Eu sou atlântica: sobre a trajetória de vida de Beatriz Nascimento*. São Paulo: Instituto Kuanza; Imprensa Oficial, 2006.

SALAMI, Minna. "Oyalogy – a poetic approach to African feminism", *MSAfropolitan*, 28 maio 2015. Disponível em: <https://msafropolitan.com/2015/05/oyalogy.html>. Acesso em mar. 2023.

SANTOS, Antônio Bispo dos. *Colonização, Quilombos: modos e significações*. Brasília, DF: UnB, 2015.

SANTOS, Milton. *O país distorcido: o Brasil, a globalização e a cidadania*. São Paulo: Publifolha, 2002.

SILVA, Denise; BHANDAR, Brenna. "A síndrome 'cansei' da feminista branca: uma resposta a Nancy Fraser"; tradução Bruno Cava, 2017. Portal Geledes. Disponível em: <https://geledes.org.br/sindrome-cansei-da-feminista-branca-uma-resposta-nancy-fraser/>. Acesso em maio 2022.

SILVA, Eliana Sousa. *A ocupação da Maré pelo Exército brasileiro: percepção de moradores sobre a ocupação das Forças Armadas na Maré*. Rio de Janeiro: Redes da Maré, 2017.

SILVA, Jailson de Souza e. "Por uma pedagogia da convivência na cidade", in SILVA, Jailson de Souza e. et al. *O novo carioca*. Rio de Janeiro: Mórula, 2012.

SIMAS, Luiz Antonio; RUFINO, Luiz. *Fogo no mato: a ciência encantada das macumbas*. Rio de Janeiro: Mórula. 2017.

SODRÉ, Muniz. *Samba, o dono do corpo*. Rio de Janeiro: Mauad, 1998.

SOUZA, Neusa Santos. *Tornar-se negro: as vicissitudes da identidade do negro brasileiro em ascensão social*. Rio de Janeiro: Edições Graal, 1983.

THEODORO, Helena. *Iansã: rainha dos ventos e tempestades*. Rio de Janeiro: Pallas, 2010.

YEMONJÁ, Mãe Beata de. *Caroço de dendê: a sabedoria dos terreiros — como ialorixás e babalorixás passam conhecimentos a seus filhos*. Rio de Janeiro: Pallas, 2002.

SOBRE A AUTORA

Andreza Jorge atua há mais de quinze anos em projetos sociais voltados para os temas de gênero, relações étnico--raciais, diversidade e sexualidade, e localizados no Complexo da Maré. É cofundadora do coletivo de dança Mulheres ao Vento e do coletivo artístico e de pesquisa Maré de Dentro, e foi coordenadora da Casa das Mulheres da Maré.

É licenciada em Dança pela Universidade Federal do Rio de Janeiro (UFRJ), mestra pelo programa de pós-graduação em Relações Étnicas Raciais, no Cefet/RJ, com pesquisa sobre a relação entre a construção da autoestima de mulheres negras e os processos educacionais presentes em projetos sociais nas favelas. Trabalhou como professora do departamento de Arte Corporal da UFRJ.

Atualmente é doutoranda do Programa de Pós-Graduação em Artes da Cena (PPGAC) na UFRJ e no ASPECT Program na Universidade Estadual e Instituto Politécnico da Virginia (Virginia Tech), Estados Unidos, com foco em Estudos Culturais e Sociais. Atua como consultora de organizações nacionais e internacionais.

CIP-Brasil. Catalogação na Publicação
Sindicato Nacional dos Editores de Livros, RJ

Jorge, Andreza
Feminismos favelados: uma experiência no Complexo da Maré
/ Andreza Jorge. Rio de Janeiro: Bazar do Tempo, 2023. 248 p.
(Coleção Por que política?; v. 6).
ISBN 978-65-84515-38-3
1. Direitos das mulheres. 2. Feminismo – Maré (Rio de Janeiro).
3. Mulheres – Condições sociais – Maré (Rio de Janeiro).
4. Movimentos sociais - Maré (Rio de Janeiro). I. Título.
23-82793 CDD: 305.42098153 CDU: 141.72(815.3)

Meri Gleice Rodrigues de Souza, bibliotecária CRB 7/6439

COLEÇÃO **POR QUE POLÍTICA?**

Siderar, considerar: migrantes, formas de vida
Marielle Macé, apresentação
de Marcelo Jacques de Moraes

Uma lei para a história: a legalização do aborto na França
Simone Veil, apresentação e entrevista de Annick Cojean

Liberdade para ser livre
Hannah Arendt, apresentação de Pedro Duarte

Contra o colonialismo
Simone Weil, apresentação de Valérie Gérard

Ódios políticos e política do ódio:
lutas, gestos e escritas do presente
Ana Kiffer e Gabriel Giorgi

Feminismos favelados:
uma experiência no Complexo da Maré
Andreza Jorge, prefácio de Eliana Sousa Silva

Este livro foi editado pela Bazar do Tempo
em março de 2023, na cidade de São Sebastião
do Rio de Janeiro, e impresso em papel Pólen
Bold 90 g/m² pela gráfica Rotaplan. Foram
usados os tipos GT Haptik e GT Sectra.